Comment Obtenir des
RENDEZ-VOUS
Sans Rejet

Remplir Nos Agendas
de Prospects en
Marketing de Réseau

KEITH & TOM « BIG AL » SCHREITER

Comment Obtenir des Rendez-vous Sans Rejet
© 2021 by Keith & Tom « Big Al » Schreiter

Publié par Fortune Network Publishing
PO Box 890084
Houston, TX 77289 USA

Telephone: +1 (281) 280-9800

BigAlBooks.com

ISBN-13: 978-1-948197-91-5

TABLE DES MATIÈRES

Ce livre est dédié aux gens de marketing
de réseau de partout.

Je voyage de par le monde plus de 240 jours chaque année.
Laissez-moi savoir si vous souhaitez que tienne une
formation (Big Al Training) dans votre secteur.

→ **BigAlSeminars.com** ←

Tous les livres de
Tom « Big Al » Schreiter
sont disponibles à :
BigAlLivresEnFrancais.com

PRÉFACE

« J'ai le sentiment que mon téléphone pèse 500 livres. Je ferais n'importe quoi plutôt que de tenter de décrocher un rendez-vous. »

Dans l'univers des réseauteurs, c'est une phrase qu'on entend constamment. Pourquoi ? Parce que c'est la vérité. La peur de soulever le téléphone pour fixer un rendez-vous surpasse habituellement les meilleures intentions. On a beau se fixer des objectifs, sauter de joie et chanter des affirmations devant le miroir ; rien ne semble fonctionner. Pourquoi ?

Parce que nous, les adeptes du marketing relationnel, sommes aussi dotés du « gros bon sens. » On essaie de décrocher des rendez-vous, on échoue, on se sent rejetés et on en tire une leçon. Cette leçon est la suivante : « Je ne devrais pas continuer à ruiner mon image et mon estime personnelle en essayant d'obtenir des rendez-vous qui provoquent l'humiliation. »

Pourquoi est-il si difficile d'obtenir des rendez-vous ?

Est-ce une question d'état d'esprit ? Ou plutôt une question de vocabulaire ?

Pour la plupart des réseauteurs, la réponse est : les deux.

Réglons ces deux problèmes maintenant afin de propulser vers l'avant nos carrières en marketing relationnel.

« POURQUOI TU PARLES BIZARREMENT ? »

Supposons qu'on appelle notre bon ami Jacques.

Nous : « Allo ? Jacques ? Je t'appelle pour savoir quand on pourrait se parler. »

Jacques se dit : « Hein ? Pourquoi mon ami me parle de cette façon ? Ça ne lui ressemble pas. Est-ce qu'un extra-terrestre s'est emparé de son corps ? Je ne suis pas très à l'aise avec ce ton de voix étrange. »

Jacques : « De quoi veux-tu parler ? »

Nous : « Eh bien, ça ne prendra que 20 minutes. J'aimerais te montrer quelque chose de fantastique et d'excitant. Quel serait un bon moment pour toi ? »

Jacques pense : « J'ai des centaines de choses à régler. Des décisions à prendre. Des courses à faire. Je n'ai même pas 20 secondes de libre. Mais c'est mon ami. Qu'est-ce que je pourrais bien lui dire pour remettre ça à plus tard ? Je n'ai pas de temps à perdre. D'un autre coté, si c'est quelque chose qui ne m'intéresse pas, je dois le déterminer tout de suite et faire en sorte que ça n'aille plus loin. »

Jacques : « Je vois. Parle-moi tout de suite. Donne-moi quelques détails. »

Nous : « Je ne peux pas vraiment. C'est visuel. Je ne vends rien. Fais-moi confiance. Tu dois le voir en personne. Quand aurais-tu 20 minutes pour une tasse de café ? »

À quoi pense Jacques maintenant ? « On dirait un vendeur. » Jacques devient alors très sceptique. Il poursuit son enquête...

Jacques : « Est-ce quelque chose que je dois manger ou goûter ? Ou est-ce quelque chose à regarder ? »

Nous : « J'ai cette présentation à laquelle j'aimerais que tu jettes un œil. »

Le cerveau de Jacques réagit. « Présentation ? Je connais ce mot. Un vendeur en approche ! Courrons ! Courrons ! Sauvez-moi. Cachez mon portefeuille ! Verrouillez les portes ! »

Jacques : « Euh... ça semble intéressant, je crois. Mais je n'ai pas le temps cette semaine. Laisse-moi te rappeler quand j'aurai du temps libre. Je dois te laisser maintenant, il faut que je réorganise ma collection de capsules de bouteilles. »

Tenter d'obtenir des rendez-vous peut s'avérer brutal.

C'EST INJUSTE.

Les nouvelles recrues de nos équipes n'ont aucune chance ; ce sont des amateurs.

Reprenons notre ami Jacques de l'exemple précédent mais cette fois-ci, supposons qu'il a changé son fusil d'épaule et de joindre notre entreprise. Le fait que Jacques prenne cette décision et investisse un certain montant pour démarrer lui procure-t-il automatiquement :

- Une confiance illimitée ?
- Des compétences professionnelles en matière de vente ?
- Une maîtrise parfaite des produits et du plan de rémunération ?
- Une liste des objections courantes et des réponses à utiliser ?
- Une estime de soi instantanée ?
- Une greffe de courage ?
- Un script précis pour obtenir des rendez-vous ?

Non. Jacques est un amateur.

Et quelle est la première chose que nous demandons à Jacques de faire ? Appeler ses amis et tenter d'obtenir des rendez-vous !

C'est le début de la fin. Pourquoi ?

Parce que les amis de Jacques sont des professionnels. Ils ont passé leurs vies entières à parfaire l'art de rejeter les vendeurs et esquiver les prises de rendez-vous. Avec des années d'entraînement à éviter les rendez-vous, ils sont coriaces.

Ça équivaut donc à envoyer Jacques à l'abattoir, et ça ne se terminera pas bien pour lui.

Augmentons les chances de réussite de Jacques en lui offrant les outils dont il a besoin pour obtenir des rendez-vous.

17 RÉSEAUTEURS ONT TENTÉ CECI, ET ONT ÉCHOUÉ.

17 réseauteurs ont tenté d'obtenir un rendez-vous avec mon oncle diabolique. Chaque fois, c'était un massacre. Les autres membres de l'équipe ont eu la sagesse de ne pas essayer.

D'accord, j'exagère peut-être un peu. Mais on sait tous combien il est difficile d'obtenir des rendez-vous. Voici quelques raisons pour lesquelles on hésite à se lancer :

- Les prospects résistent aux tentatives de vente. Tout le monde les sollicite. Tout le monde.
- On fait preuve de bon sens en évitant tout risque de rejet.
- On n'aime pas demander à nos prospects de nous accorder du temps.
- Notre besoin de confort est plus grand que notre désir d'augmenter nos revenus.

Que disent donc les oncles diaboliques ?

- « Dis-moi quelle arnaque tu songes à me présenter, Monsieur pyramide ! »
- « Arrête de rêver. Sois donc normal comme le reste d'entre nous. »
- « Je ne peux pas croire que te sois imaginé que j'embêterais mes amis avec ça. »

- « Je me fiche de ce que c'est. Je ne suis pas intéressé. »
- « Abandonne tout de suite, ça ne fonctionne jamais ces trucs. »
- « Je n'ai pas de temps... pour quoi que ce soit ! »

Cauchemar.

Les prospects du marché froid (les purs inconnus) peuvent s'avérer encore pires. Pourquoi sommes-nous réticents à l'idée de faire davantage d'appels et de contacts ?

Est-ce un manque de motivation ? Non. Nous sommes motivés. Nous avons des objectifs et des rêves.

Alors qu'est-ce qui nous bloque ? Qu'est-ce qui paralyse nos équipes ?

Levons le voile ensembles sur les deux raisons pour lesquelles générer des rendez-vous semble si ardu.

LA TORTURE MENTALE NE RÉSOUDRA PAS NOTRE PROBLÈME DE PRISE DE RENDEZ-VOUS.

On s'inquiète. On désire réussir. Et pourtant, on ne fait pas le nécessaire pour décrocher des rendez-vous.

Résultat ? La culpabilité nous envahit.

C'est facile de laisser nos peurs et nos angoisses s'accumuler. Chaque jour où ne tente pas d'obtenir un rendez-vous, pas même une tentative, le petit nuage noir dans notre esprit s'épaissit. On tourne en rond en quête de solutions. On se demande : « Dois-je faire plus d'efforts ? Qu'est-ce qui me manque ? Qu'est-ce qui ne va pas chez moi ? Est-ce que j'ai peur ? Pourquoi j'échoue ? »

Cela n'est pas productif. Laisser notre cerveau errer sur des questions aléatoires ne nous aidera pas à résoudre le problème.

Alors, quelle est la question que nous devrions nous poser ?

Pour quelle raison ne suis-je pas en train de fixer des rendez-vous ? Parce que :

1. Je ne veux pas le faire ?

2. Je ne peux pas le faire ?

« Je ne veux pas le faire. »

Voilà un problème d'état d'esprit. Un obstacle de taille. Se remettre les idées en place, se libérer de nos histoires intérieures et dissiper nos craintes peut sembler insurmontable. Heureusement, nous apprendrons comment éliminer ou contrôler ces choses dans les chapitres à venir.

« Je ne veux pas le faire » est le plus grand défi que nous ayons à relever. Si on ne s'y attaque pas, nos chances sont nulles. Et si on arrive à le résoudre ou le contrôler, nous aurons complété 90 % du parcours vers un nombre illimité de rendez-vous.

« Je ne peux pas le faire. »

C'est le problème le plus facile à résoudre. Apprendre les compétences pour éliminer le rejet sera simple et très efficace.

Quand on se lance en marketing relationnel, on ne possède ni le savoir faire, ni les mots pour maximiser notre efficacité. On ne comprend pas les programmes subconscients qui contrôlent les esprits de nos prospects. Mais on peut tout apprendre. On a bien appris à utiliser un téléphone intelligent. On a appris à conduire. On peut certainement apprendre les bons mots pour remplir nos agendas de rendez-vous.

Nous apprendrons les mots à dire, nous apprendrons ce que nos prospects attendent de nous, et nous allons dompter les pensées qui freinent nos élans et paralysent nos cerveaux.

Si on n'arrive pas à maîtriser ce problème, c'est tout notre groupe qui sera infecté. Il suffit de dire : « Prenons le téléphone, c'est le moment de contacter des prospects pour obtenir des rendez-vous » pour que les visages blanchissent et les sueurs froides s'activent. C'est cruel. C'est comme si quelqu'un pompait l'oxygène de leurs poumons. La situation se détériore.

Même si notre groupe arrive à passer quelques appels, un des prospects pourrait dire : « Dites-moi d'abord de quoi il s'agit. » C'est à ce moment que les nouveaux membres de notre équipe passeront du stade « effrayé » à « paniqué. »

« Dites-moi d'abord de quoi il s'agit » est une question très difficile pour nos nouveaux équipiers. Que peuvent-ils répondre ?

S'ils en disent trop peu, ils auront l'air de cacher quelque chose. Et s'ils en disent trop, les prospects auront l'impression de tout savoir, et refuseront de fixer un rendez-vous.

Il y a beaucoup de problèmes potentiels.

Commençons maintenant. Nous allons d'abord nous attaquer à ce gorille de 600 livres dans la pièce qui nous embrouille le cerveau : Le blocage du « Je ne veux pas le faire. »

« JE NE VEUX PAS LE FAIRE. »

Le leader en marketing relationnel, Nam Do, est l'incarnation même de la volonté sur les stéroïdes. Il est intrépide, focalisé et prêt à tout pour que le travail soit accompli. Malheureusement, peu d'entre nous possédons une telle discipline.

Ce chapitre est donc pour le reste d'entre nous.

C'est la peur qui fait en sorte que de nombreux réseauteurs adoptent cette stratégie face à la prise de rendez-vous :

« J'attends avec impatience que mon téléphone sonne ! »

Inutile de mentionner que même avec une attitude positive, ça ne fonctionne jamais. On doit être plus proactif.

Lorsqu'on ressent le courage d'appeler des prospects pour obtenir un rendez-vous, certaines objections et certains sentiments peuvent nous empêcher d'aller de l'avant.

- Nous avons peur.
- On ne veut pas risquer d'être rejetés.
- On ne veut pas que nos amis pensent qu'on essaie de profiter d'eux.
- On se sent mal à l'aise de demander une faveur à nos amis.

- On ne sait pas quoi dire.
- On préfère procrastiner.
- On cherche des portes de sorties.
- On prétend avoir plein d'autres choses à faire pour se sentir occupés.
- On se sent coupables de ne pas tenter d'obtenir des rendez-vous.
- On créé des graphiques et des diagrammes pour visualiser l'impact sur nos revenus d'entreprise si on avait le courage de prendre des rendez-vous.

La liste est pratiquement sans fin.

Les forces de la résistance nous submergent. On ne s'installe pas pour prendre des rendez-vous. On réorganise plutôt les noms sur notre liste, puis on s'installe devant le téléviseur avec le sentiment mitigé d'avoir au moins fait quelque chose.

Pourquoi remet-on à plus tard ?

Les deux principales causes de la procrastination sont :

1. La tâche est trop importante. On n'a pas pris le temps de décomposer la tâche en petites étapes, faciles à accomplir.

2. On ne connaît pas ou on ne maîtrise pas les compétences pour mener à bien la tâche tout en demeurant dans notre zone de confort.

Voici quelques astuces pour vaincre la procrastination.

1. La tâche est trop importante.

Par où dois-je commencer ? Combien de personnes devrais-je contacter ? Qui dois-je appeler en premier ? Je devrais peut-être préparer mes réponses aux objections avant de soulever le téléphone ? Et notre dialogue intérieur l'emporte... encore.

La solution réside dans un premier pas, tout petit et spécifique. Nos cerveaux se diront alors : « OK. Je peux faire ça. » Quelques exemples ?

- Aujourd'hui, je vais dresser une liste des dix personnes que je serais le plus à l'aise de contacter.
- Demain, à mon retour du travail, je vais contacter deux personnes sur cette liste.
- Mon objectif sera de leur dire « Bonjour ! , » et si on me répond en me demandant « Quoi de neuf ? , » je répondrai qu'il faudrait s'asseoir devant un bon café. Et si personne ne me pose la question, pas de problème.
- Je vais lancer tout bonnement à une personne aujourd'hui : « Si un peu d'argent supplémentaire chaque semaine sonne comme de la musique à tes oreilles, alors discutons ! »
- Demain matin, je vais aussi faire la même invitation (point précédent) par messagerie texte à deux autres amis.

De petites étapes. Rien à craindre. Facile à effectuer. Très peu d'efforts à déployer.

Le pouvoir de la procrastination s'effondre lorsque le premier pas est simple et facile. Toute forme de résistance s'estompe.

Et si la procrastination exerce toujours un pouvoir sur nous, alors réduisons encore davantage la taille de notre premier pas.

Et comment vaincre la seconde cause de procrastination ?

2. On ne connaît pas ou on ne maîtrise pas les compétences pour mener à bien la tâche tout en demeurant dans notre zone de confort.

C'est un problème très courant. Si on ne fait que lire des livres, et qu'on ne met pas en pratique ce qu'on lit, non seulement on procrastine, mais on n'intègre aucunement les connaissances et on ne développe pas les compétences.

Voici quelques exemples de compétences qu'on pourrait ne pas maîtriser et qui nous empêchent de soulever le téléphone pour décrocher des rendez-vous.

- Que devrais-je dire si je tombe sur une boîte vocale ?
- Et si un prospect me demande de quoi il s'agit ; par où dois-je commencer ?
- Et si mon prospect me demande : « Est-ce que tu tentes de me vendre quelque chose ? »
- Qu'est-ce que je devrais dire pour les inciter à me rencontrer ?
- Lorsque les prospects sont sceptiques, que devrais-je faire ?
- Si le prospect dit : « Ne m'appelle plus jamais ! » Qu'est-ce que je fais ?

Nous allons apprendre les réponses à ces questions dans les chapitres qui suivent. Détendons-nous. Ne laissons pas la peur nous prendre à la gorge. Les mots et les phrases que nous allons découvrir sous peu seront tout à fait sécuritaires, polis, et non propices au rejet.

« POURQUOI J'ÉPROUVE DE LA GÊNE ? »

Le problème « Je ne veux pas le faire » peut provenir de différentes sources.

Mais si on arrive à surmonter notre timidité, la procrastination subit un revers immédiat.

Pourquoi sommes-nous gênés lorsqu'on tente d'obtenir des rendez-vous ?

- On n'est pas convaincus que notre offre a suffisamment de valeur.
- On se torture en se demandant comment les autres vont interpréter nos intentions.
- Le scénario dans notre tête anticipe déjà la défaite avant même d'avoir débuté la conversation.

Lorsqu'on extrait de l'équation notre propre timidité, les choses deviennent plus simples. Voici un peu de matière à réflexion.

Prenons par exemple les personnalités de couleur jaune. Vous n'êtes pas familiers avec les couleurs de personnalités ? Voici les principaux traits de personnalité des types jaunes.

Les personnalités jaunes adorent aider les gens. Elles sont davantage stimulées par la possibilité d'aider les autres que par leurs propres besoins. Ce sont des personnes gentilles, généreuses, pleines d'empathie, et elles ne souhaitent en aucun cas offenser les autres, ou encore les mettre dans l'embarras. Les emplois dans lesquels on retrouve la plupart des personnes de type jaune sont : garderies, enseignants, massothérapeutes, travailleurs sociaux et organisateurs de levées de fonds. De nature timide et réservée, on les croise rarement dans les professions reliées à la vente. Ah oui, et ils ont les sentiments à fleur de peau.

Bon, c'est extrêmement simplifié, mais ça nous permettra de mettre quelque chose en évidence.

Demandez à une personnalité jaune de faire des appels pour décrocher des rendez-vous ou vendre un produit. Résistance instantanée assurée.

Demandez à une personnalité de couleur jaune de faire des appels pour inciter des gens à faire un don pour une bonne cause. Implication instantanée. Rien ne pourra les arrêter. Elles iront jusqu'au bout, sans se décourager. Elles n'éprouveront jamais de gêne en sollicitant des dons.

Où est la différence ?

Notre timidité fond comme neige au soleil lorsque notre histoire intérieure se nourrit de la croyance envers notre cause ou la valeur de ce qu'on offre.

Les personnalités jaunes peuvent surmonter leurs peurs en un clin d'œil pour soulever le téléphone s'il s'agit d'une levée de fonds pour une bonne cause. Leur courage ne carbure pas au plan de rémunération, aux bonus, à la voiture payée par la compagnie, à la qualification pour le voyage tout inclus, ou au fait de gravir les échelons et d'obtenir une reconnaissance quelconque.

Les récompenses, comme source de motivation, ne font pas le poids devant la conviction.

Changeons l'histoire à l'intérieur notre tête et nous changerons nos vies.

Les prospects réagissent à notre histoire intérieure.

Si on ne prend pas le temps de créer notre propre histoire à l'intérieur de notre tête, quelqu'un d'autre le fera. Et on veut à tout prix éviter qu'une histoire racontée par quelqu'un au hasard s'imprègne dans notre cerveau. C'est très nocif.

Paul Smith a écrit le livre : « Vendre en utilisant une histoire. » Il y décrit une expérience. Nous avons modifié la description de cette expérience pour démontrer une analogie en marketing relationnel.

Vendeurs, groupe # 1. Ce premier groupe a conservé la même histoire intérieure, aucun changement. Dans les deux semaines qui ont suivies, leurs ventes furent similaires aux semaines précédentes.

Vendeurs, groupe # 2. Les vendeurs de ce second groupe ont eu droit à un « enrichissement » de leurs histoires intérieures en leur rappelant à quel point leurs carrières seront formidables sur la route du succès. On leur a parlé de la voiture payée par la compagnie, des bonus, des promotions. Leurs ventes au cours des deux semaines suivantes furent elles aussi similaires aux semaines précédentes.

Quoi ? Aucun changement ? Mais cette nouvelle histoire intérieure n'aurait-elle pas dû motiver l'équipe de vente ? Dans ce cas précis, il semble que non. Les chiffres se sont maintenus.

On devrait peut-être songer à rappeler à nos équipiers de se fixer davantage de buts, ou d'améliorer leur tableau de visualisation en ajoutant d'autres photos. C'est juste une idée. Mais si on en croit le groupe de vendeur # 2, il semble que s'il ne s'agit que de bénéfices personnels, ça ne change rien au niveau de croyance… ni aux résultats.

Vendeurs, groupe # 3. Ce dernier groupe a eu droit à une multitude d'histoires provenant de clients qui ont bénéficié et adoré le produit qu'ils représentent. Si on transpose cette stratégie au marketing relationnel, le groupe # 3 a été bombardé de témoignages de clients satisfaits.

Ce troisième groupe a doublé son volume de ventes au cours de deux semaines qui ont suivies.

Doublé ? Quoi ? ? ?

Oui.

Comment est-ce possible ? Serait-il possible que nous soyons mois réticents à parler aux autres lorsqu'on oublie ses propres gains personnels ?

Et si notre nouvel objectif se limitait à vouloir aider les autres ? Nous permettrait-il de surmonter notre timidité et notre réticence à faire des appels pour décrocher des rendez-vous ?

Oui.

Souvenons-nous de ces intrépides personnalités de couleur jaune.

Ne vous en remettez pas au simple pouvoir de la volonté pour combattre la timidité et la peur du rejet. Optez pour une option beaucoup plus simple : changer votre histoire intérieure.

La leçon à retenir ? Chacun des trois groupes dans l'exemple précédent était habité par une histoire personnelle différente. Cette histoire affectait leurs résultats. La bonne nouvelle est que nous pouvons changer cette histoire dans notre tête en tout temps, et sans frais.

Et quel miracle se produit quand on change notre histoire intérieure ?

Nos prospects deviennent plus ouverts lorsqu'on les contacte pour obtenir un rendez-vous. Les prospects sont réactifs. Ils répondent non seulement aux mots qu'on utilise, mais ils perçoivent aussi nos intentions.

Ce cas de figure est déconcertant.

En marketing relationnel, on dit souvent que : « Le développement personnel fait toute la différence. »

On se fixe des buts, on crée des tableaux de visualisation, on récite des affirmations, on chante l'hymne de la compagnie, on lit des livres inspirants, on assiste aux événements qui gonflent à bloc notre motivation et notre efficacité.

Mais si on en croit notre étude de cas, ça n'est pas tout à fait exact. Souvenez-vous du groupe # 2 à qui on a rappelé à quel point leurs vies pourraient être bonifiées sur la route du succès. Malgré tout, les résultats sont demeurés les mêmes.

Par contre, en bombardant le groupe # 3 de témoignages de clients satisfaits, les résultats ont doublés. Donc, en focalisant sur les bénéfices pour leurs clients, le courage et la conviction des vendeurs du groupe # 3 a fait un bond en avant. Les prospects ont perçu cette différence et ils ont acheté et/ou joint les rangs.

En quoi cette étude de cas peut nous être utile si par exemple on désire réanimer un membre inactif de notre équipe ? Ou si on a besoin de faire grimper notre courage d'un cran pour contacter des prospects ?

Si on en croit les résultats, on devrait se concentrer sur notre contribution à la société en exposant davantage de gens à nos produits et opportunités. Lorsqu'on s'oublie un peu et qu'on se soucie davantage des autres, il n'y a plus d'espace pour la peur.

Est-ce que cette conception va à l'encontre de tout ce qui nous a été enseigné en développement personnel ? À vous de voir. Quoi qu'il en soit, ça semble être une avenue prometteuse pour nous permettre de surmonter nos peurs et anxiété reliées au fait de contacter des gens.

Un petit mot au sujet du chantage mental ou émotionnel.

Il est temporaire, au mieux. Et il nous fait sentir moches. Un exemple ? On se fixe l'objectif de générer suffisamment d'argent pour permettre à notre conjoint(e) de prendre sa retraite. Par la suite, on ne fait aucun appel pour décrocher des rendez-vous. On se demande alors : « Est-ce que j'ai changé d'idée ? Est-ce que ça n'a plus d'importance pour moi ? »

Culpabilité. Sentiments désagréables. On essaie peut-être de faire un appel ou deux, mais on n'y prend aucun plaisir. Ça ne fonctionnera jamais sur le long terme.

Pour connaître un succès continu, il faut changer l'histoire à l'intérieur de nos têtes. De plus, il faut trouver une façon d'apprécier le processus, sinon on s'arrêtera en chemin. On ne peut pas baser le succès de notre entreprise sur le simple pouvoir de la volonté. Il n'est pas suffisamment puissant et stable pour nous permettre d'avancer sans relâche dans l'adversité.

Comment les prospects arrivent à percevoir la différence lorsqu'on change notre histoire interne ?

Nous sommes tous munis d'un programme qui scrute les gens qu'on rencontre à la recherche d'indices. On ne s'arrête pas consciemment sur chacun des indices, c'est notre esprit subconscient qui s'en charge pour nous.

En moins d'une seconde, il analyse les indices. Il donne ensuite son opinion à notre esprit conscient quant aux intentions de la personne devant.

Voici comment s'est développé ce programme.

Il y a des milliers d'années, un homme des cavernes partit à la chasse et rencontra un étranger. Il se demanda alors si cet étranger représentait une menace potentielle, ou non. L'homme des cavernes a rapidement appris à percevoir les bonnes et mauvaises intentions. S'il se trompait, eh bien, cette erreur impliquerait qu'il ne pourrait plus survivre et se reproduire. Notre homme des cavernes a bien affûté son détecteur d'intentions.

Quels types d'indices remarquons-nous ? En voici quatre des principaux :

1. Le langage corporel. On recherche des signes d'agressivité ou des intentions cachées. Parfois les signes sont évidents. Par exemple, on voit quelqu'un franchir le seuil de la porte et on se demande : « Pourquoi porte-t-il un masque et tient-il une machette dans la main droite ? » C'est sans doute un langage corporel inquiétant.

2. Le ton de la voix. Dès notre tout jeune âge, on pouvait ressentir la joie ou la colère de maman par le ton de sa voix.

3. Les micro-expressions faciales. Nos visages trahissent nos intentions. Ils peuvent fournir jusqu'à 30 micro-expressions faciales à la seconde. Notre esprit subconscient sait comment déchiffrer ces micro-expressions faciales. Lorsque papa entre dans notre chambre, avant même qu'il n'ouvre la bouche, on observe son visage pour savoir si nous sommes dans le pétrin. (Les enfants apprennent vite à utiliser à leur avantage cette faculté pour déterminer si c'est un bon moment ou non pour demander une permission ou une faveur.)

4. Les mots. Oui, on juge les gens sévèrement par les premiers mots qu'ils utilisent. Voici quelques exemples de mots qui désignent des choses similaires mais qui provoquent des émotions différentes.

- Présentation et option.
- Présenter et converser.
- Une opportunité et une chance.
- Changement et amélioration.
- Rencontre et réunion.
- Faire un saut et rendre visite.
- Dans le secteur et je viendrai.
- Objection et problème.

En résumé ?

Si on change la façon dont on se parle à soi-même (notre histoire interne), nos prospects le remarqueront et réagiront différemment.

COMMENT CHANGE-T-ON L'HISTOIRE DANS NOTRE TÊTE ?

Simple ! Il suffit de commencer à se raconter une autre histoire. Et si l'on a de la difficulté à intérioriser notre nouvelle histoire, la répétition nous aidera à y parvenir.

Quoi ? On se raconte une histoire ?

Oui. Et notre nouvelle histoire remplacera cette vieille histoire qui nous trotte dans la tête. Malheureusement, la plupart des pensées qui occupent nos esprits sont de vieilles histoires. Chacune d'elle étant une interprétation de ce qu'on a choisi de se raconter. Un exemple ?

« Ce verre est à moitié plein. »

« Ce verre est à moitié vide. »

On choisit l'histoire qui nous convient.

On crée des histoires à propos des différents partis politiques, des équipes sportives, de la mode, de nos opinions et de nos vies. On crée des histoires pour décrire ce qui nous arrive. On développe même des histoires pour décrire qui on croit être. Nos esprits ne sont que de vastes usines à fabriquer des histoires.

On crée nos propres histoires.

Créons-nous alors une nouvelle histoire à propos de la prise de rendez-vous. On connaît déjà notre vieille histoire. Vous vous souvenez ?

- Les prospects n'aiment pas être dérangés.
- Personne ne répond à nos appels.
- Les prospects pensent que je désire faire de l'argent à leurs dépends.
- Personne ne veut changer.
- Je déteste subir le rejet.
- Les gens sont occupés. Personne n'a de temps en trop dans sa journée.
- Les gens se moqueront de moi.
- Je serai perçu comme un vendeur à pression par tout le monde.
- Décrocher des rendez-vous est difficile.

De quoi notre nouvelle histoire pourrait-elle être constituée ? Pourquoi pas :

- Les gens souhaitent avoir d'avantage d'argent dans leurs vies.
- C'est l'opportunité d'une vie.
- Tout le monde s'arrache ces produits.
- Je n'ai rien à vendre. Je ne fais qu'offrir une option supplémentaire.
- Les gens souhaitent que je règle leurs problèmes.
- Les gens espèrent que je puisse les aider.
- Prendre des rendez-vous est facile.

Lorsqu'on se raconte de nouvelles histoires comme celles-ci, notre peur et notre anxiété se dissipent.

Combien de fois avons-nous besoin de se raconter cette nouvelle histoire ? Pour la majorité d'entre-nous, plusieurs fois. Mais le jeu en vaut largement la chandelle.

Pour décrocher des rendez-vous, notre script et notre motivation personnelle sont beaucoup moins déterminants que l'apaisement de notre anxiété et de notre peur de contacter les gens.

Si on ressent de la culpabilité, on sait maintenant pourquoi. C'est notre histoire interne.

Pour résoudre un problème, on doit d'abord identifier correctement la source du problème.

Si notre équipe ne génère pas de rendez-vous, travaillons d'abord sur l'anxiété et les peurs.

Voici trois outils que nous pouvons utiliser pour combattre peurs et anxiété.

1. Nos croyances. (On les modifie grâce à notre histoire intérieure.)

2. Nos attentes. (Être réaliste. Comprendre les autres et faire preuve d'empathie.)

3. Nos compétences. (Nous allons en discuter sous peu.)

Nos peurs nous incitent à ne rien tenter. Voici une histoire qui démontre qu'il est plus facile de « ressentir » le problème en écoutant une histoire plutôt que de tenter de le décrire.

L'histoire de la crème glacée.

J'aime la crème glacée. En fait, j'adore la crème glacée. Et qu'est-ce qui est encore meilleur que de la crème glacée ? De la crème glacée gratuite !

Imaginons qu'il est désormais possible d'obtenir de la crème glacée à volonté, gratuitement, à vie, livrée à notre porte.

Où est l'attrape ?

On peut manger de la crème glacée quand on veut. Mais chaque fois que notre désir se manifeste, avant de pouvoir la manger, on doit s'insérer des aiguilles sous les ongles.

Quoi ? ? ?

Ça me semble plutôt douloureux. Qui plus est, j'éprouve une aversion envers les aiguilles. Je déteste les aiguilles ! Mes souvenirs d'enfance me rappellent les échardes de bois sous les ongles et j'ai des frissons dans le dos.

On perçoit l'inconfort ? La douleur potentielle ? Sommes-nous prêts à considérer un gâteau plutôt que de la crème glacée ?

Personnellement, j'opterais pour une tarte, un gâteau, des biscuits… n'importe quoi sauf de la crème glacée.

Je ne suis pas seul. Les plupart des être humains préfèrent éviter la douleur. Le confort est notre ami.

Quelle leçon peut-on en tirer ?

« Peu importe l'attrait de la récompense, si le processus ou l'activité nécessaire pour l'obtenir est inconfortable, l'être humain résistera. »

Ben sûr, on peut se forcer mentalement à le faire pendant un certain temps. Mais si le processus ou l'activité est désagréable, on y mettra fin éventuellement.

Le secret est donc de rendre l'activité agréable.

Un script accrocheur ne règlera pas le problème. C'est quelque chose qui se joue entre les deux oreilles, et non une simple habileté avec les mots.

QUE PENSER DES CONSEILS DU « GOUROU ? »

Les conseils du gourou sont techniquement adéquats. Logiques. Sensibles.

Et ils ne fonctionnent pas avec les êtres humains.

Les humains ne sont pas des êtres logiques et sensibles. Nos cerveaux sont des organes dédiés à la survie. Réfléchir en utilisant la logique et la sensibilité sont pures fantaisies. Voici quelques exemples de conseils techniques judicieux qui ne fonctionnent pas sur la même fréquence que nos cerveaux.

« Mangez moins. Faites davantage d'exercice. Perdez du poids. » Si nos cerveaux pouvaient se contenter de cette formule, personne sur terre ne souffrirait d'un surplus de poids. La formule semble parfaitement cohérente, mais le cerveau humain n'est pas conçu pour suivre ce type de formule. On a beaucoup d'autres programmes actifs dans nos cerveaux qui court-circuitent ces bons conseils. Il suffit d'un simple coup d'œil pour constater que ce conseil ne fonctionne pas.

« Soyez courageux. Affrontez la peur. Et votre peur disparaîtra. » C'est facile à énoncer pour le gourou, mais c'est nous qui devons affronter cette peur. Résultat ? Nous faisons face à notre peur, et nous avons toujours peur. On déteste ça. La peur ne disparaît pas. Apparemment, notre peur n'a pas suivi les conseils du gourou.

« Dépensons moins. Gagnons plus. Et bientôt nous serons riches. » Ces instructions étaient simples. Tout le monde pouvait les suivre. Est-ce que ça s'est concrétisé ? Presque jamais. Seules quelques personnes d'exception mettront en pratique ces conseils. Pour la plupart des humains, il aurait aussi bien pu être prodigué dans une langue étrangère.

« Vous voulez plus de rendez-vous ? Parlez à plus d'étrangers. » Où avons-nous déjà entendu cette phrase ? Partout ! Et le faisons-nous ? Non. Nous sommes humains. Nous sommes plus préoccupés par la peur du rejet, le besoin de se sentir bien dans notre peau et, ne pas nuire à notre estime personnelle. Ces programmes on davantage d'emprise sur nous, de sorte qu'on ne parle pas à un plus grand nombre d'étrangers. Encore une fois, excellents conseils, mais qu'aucun humain normal ne saura suivre.

Voyons-nous un schéma ici ? Si on arrivait à suivre de tels conseils, les récompenses seraient formidables. Mais, on laisse nos autres programmes, comme celui qui consiste à éviter l'inconfort, déterminer ce que nous faisons.

En tant qu'humains, notre circuit interne dicte : « Évite la douleur. » « Évite l'inconfort. » Dans la hiérarchie des programmes, ils se situent au sommet.

Le meilleur conseil serait donc : « Trouvons une façon de décrocher des rendez-vous qui soit confortable. Si on peut demeurer à l'intérieur de notre zone de confort, on pourra y arriver. »

Qu'est-ce qui détermine les limites de notre zone de confort ?

Notre histoire intérieure, celle qu'on se raconte à soi-même.

La bonne nouvelle est qu'on peut se créer une nouvelle histoire en tout temps. Toutes celles qui habitent notre esprit ont été fabriquées. Pourquoi alors ne pas se concocter une histoire qui nous permet d'avancer plutôt qu'une histoire qui nous enchaîne ?

Options.

Le mot « option » est un de nos mots favoris.

Que signifie le mot « option » pour nos prospects ? Il indique qu'il leur sera possible de répondre « oui » ou « non » à notre proposition. Il ne s'agira donc que d'un choix de plus à faire dans leurs vies. Ils peuvent aussi conserver notre option pour plus tard. Nous n'allons pas leur mettre la pression pour qu'ils adoptent notre option sur le champ. On ne doit générer aucune culpabilité ou malaise s'ils choisissent de dire « non. »

Que signifie l'utilisation du mot « option » pour nous ? Il nous aide à se détacher du résultat ou plutôt de la réponse « oui » ou « non. » Il nous rappelle que ça n'est pas une situation de vie ou de mort et qu'il est inutile d'exercer une pression. On ne fait que proposer une option de plus dans leurs vies. Il leur appartient de déterminer si cette option leur convient ou pas.

Pas de rejet ! Pas de stress ! Pas d'embarras !

C'est agréable d'offrir aux prospects le cadeau d'une autre option de vie.

Voici un exemple qui illustre bien la différence entre les deux approches.

Imaginons que nous sommes propriétaires d'un restaurant. On se positionne dans la rue devant notre enseigne pour inviter les passants à découvrir notre fine cuisine italienne. On intercepte quelqu'un pour lui dire : « Nous offrons les mets italiens les plus goûteux. Notre Chef vient tout droit de Sicile. Elle a mis dix heures à préparer sa propre sauce tomate. Vous voulez prendre place à l'intérieur pour y goûter ? » Cette approche propose deux choix : « oui » ou « non, » gagner ou perdre, vivre ou mourir. On se sentira mal à l'aise si les passants rejettent notre offre. C'est donc une approche risquée.

Interceptons maintenant un autre passant mais avec une autre approche : « Si vous sentez que vos papilles pourraient apprécier une fine cuisine italienne ce soir, nous avons ce qu'il vous faut. Ou encore si vous préférez réchauffer des restes au micro-ondes à la maison, ça nous va aussi. » Voilà une option. Le passant se sent bien. Aucune pression. Mais s'il est tenté par une délicieuse recette à l'italienne, eh bien il nous choisira. Et si ce passant préfère réchauffer des restes à la maison, ça nous va aussi. On lui a offert une option. Nous avons fait notre travail. Offre transmise, pas de malaise, pas de rejet.

L'approche « Je ne vends rien. »

« Bonjour monsieur le prospect. J'aimerais obtenir un rendez-vous avec vous et je n'ai besoin que de 20 minutes de votre temps. Je ne vends rien. »

Les prospects ne sont pas nés de la dernière pluie. Ils peuvent flairer les vendeurs de très loin. Ils se disent : « Ça sent le menteur. Activons l'alarme anti-vendeurs. Devenons sceptiques. Faisons tout ce qu'on peut pour éviter de devoir s'asseoir devant ce vendeur malhonnête. »

Lorsqu'on débute dans notre métier, on croit naïvement que c'est une bonne approche. Mais après mûre réflexion, celle-ci nous semble plutôt douteuse parce qu'on ne se sent pas transparents envers les prospects.

Y a-t-il une façon d'arranger ça ? Oui.

Nous allons utiliser le principe de la notification dont nous avons traité dans quelques livres précédents. Pour ceux qui n'ont pas encore eu la chance de les lire, voici un résumé du fonctionnement du principe de notification.

Si nous lancions une entreprise traditionnelle, comme un restaurant sur la rue principale par exemple, est-ce qu'on souhaiterait aviser la plupart de nos amis ? Oui. Ils ne seront peut-être pas intéressés à fréquenter notre restaurant, mais ils connaissent probablement des gens qui le seraient. On ne les supplie pas de venir, mais s'ils cherchent un endroit pour casser la croûte un de ces quatre, on ne veut pas que notre restaurant soit un secret pour eux. De plus, ils pourraient être offensés s'ils découvraient que nous ne leur avons rien dit.

De quelle façon pourrions-nous aviser nos amis ? Eh bien, s'ils nous demandent ce qu'il y a de nouveau dans nos vies, on peut leur parler de notre restaurant. On pourrait aussi leur envoyer une carte postale toute simple. Ou encore, publier la nouvelle sur les médias sociaux. Ce sont des façons naturelles et non invasives de le faire.

Autre exemple. Si on ouvre un magasin de chaussures, nous sommes conscients que nos amis n'ont probablement pas besoin de chaussures aujourd'hui. On les aviserait tout de même que nous avons ouvert un magasin de chaussure pour qu'ils pensent à nous lorsque le besoin s'en fera sentir. Est-ce qu'ils doivent absolument visiter notre magasin ? Non. Le style de nos chaussures n'est peut-être pas dans leurs cordes. Peu importe, cette décision leur appartient.

Tony Miehle a concocté un excellent script qu'il enseigne à ses nouveaux agents d'assurance. Lorsqu'un nouvel agent se joint à l'équipe, il s'imagine qu'il devra appeler ses amis et dire : « Hé ! Tu veux m'acheter de l'assurance-vie ? » C'est un scénario digne d'un film d'horreur. Ses nouveaux agents sont effrayés, avec raison, de faire des appels pour décrocher des rendez-vous.

Comment Tony change la donne ? Il demande à ses nouveaux agents d'être honnêtes et directs. Il leur suggère de proposer un rendez-vous à leurs contacts non pas pour leur vendre de l'assurance, mais plutôt pour leur montrer ce qu'ils font. Par la suite, si ces contacts rencontrent des gens qui ont besoin d'assurance, ils pourront les référer.

C'est une façon beaucoup plus facile d'approcher les gens. La plupart seront disposés à prendre quelques minutes pour découvrir ce qu'on fait. Ils pourront ensuite nous référer les gens qu'ils croiseront et qui pourraient avoir besoin de nos services.

Prêts à découvrir le script enseigné par Tony ? Le voici.

« Je désire simplement prendre quelques minutes pour te montrer ce que je fais. Le but de ma visite n'est pas de te vendre quoi que ce soit. Mais j'aimerais que tu deviennes une source de références dans le futur si jamais tu croises quelqu'un qui pourrait avoir besoin de mes services. Et si jamais tu y vois quelque chose pour toi, ça me va aussi, mais ça n'est pas la raison pour laquelle je désire te rencontrer. »

Cette approche est honnête et elle va droit au but. On fournit un motif à notre visite, et on précise que notre intention n'est pas de leur vendre quoi que ce soit. Ça permet à nos prospects de se détendre. Avec un motif, nous sommes plus transparents et on évite de déclencher l'alarme anti-vendeurs.

Pourrions-nous modifier cette approche pour notre produit ou service ? Essayons de le faire pour des produits de nutrition.

« Ce lundi, j'ai démarré ma nouvelle entreprise en nutrition Je sais que tu es en excellente santé alors je ne te demande pas d'acheter quoi que ce soit. Mais j'aimerais te montrer ce que je fais au cas où tu croiserais des gens qui ne sont pas en aussi bonne santé que toi et qui ont besoin d'aide. Avec un peu de chance, si tu aimes ce que tu vois bien entendu, tu pourrais me référer des gens de temps à autres. Aurais-tu dix minutes à m'accorder un peu plus tard cette semaine ? »

Notez qu'on leur demande un dix minutes à leur agenda. Vous conviendrez que c'est beaucoup moins ardu que de les inviter à assister à une présentation de vente. Autre bonne nouvelle : notre prospect pourrait bien aimer ce qu'on fait et souhaiter devenir client… ou pourquoi pas un nouvel associé dans notre entreprise !

Est-ce qu'on se sent mieux avec cette approche ? Elle offre un autre avantage majeur. Tous ceux à qui on parlera connaissent au moins 200 personnes que nous ne connaissons pas. Ils peuvent donc nous aiguiller vers quelqu'un qui recherche désespérément notre produit ou notre service.

Que diriez-vous d'adapter notre approche à une entreprise de voyage ?

« La semaine dernière j'ai démarré ma nouvelle entreprise de voyages à rabais. Je sais que tu ne voyages pas beaucoup et que tu ne prends des vacances qu'occasionnellement, mais je souhaitais tout de même te montrer ce que je peux offrir. De cette façon, lorsque tu croiseras quelqu'un qui désire prendre des vacances, tu pourras leur parler de moi. Je pourrai les aider à épargner pas mal d'argent et ils pourraient même t'envoyer une carte postale pour te remercier. Tes amis vont sans doute l'apprécier. Je peux te montrer ce que je fais en quelques minutes seulement. Quel serait le meilleur moment pour toi cette semaine pour regarder une vidéo très courte d'environ quatre minutes ? »

Est-ce que les prospects redoutent nos appels ? Oui. Mais de tous les types d'appels qu'on puisse faire, celui dans lequel on leur demande des références est sans doute le plus inoffensif. Voici les trois types d'appels que nos prospects s'attendent à recevoir et qu'ils redoutent :

> # 1. Il va me demander de joindre son entreprise. (Le plus craint.)

2. Il va me demander d'acheter quelque chose. (Le plus craint # 2.)

3. Il va me demander des références (Le moins craint des plus craints.)

Une autre excellente nouvelle. Plusieurs personnes seront heureuses de nous aider dans notre nouvelle entreprise. Ils utiliseront le bouche-à-oreilles pour nous référer. Pourquoi ? Parce que la plupart des gens se sentent bien lorsqu'ils aident quelqu'un. Et l'aide qu'ils nous fournissent ne leur coûte absolument rien. C'est une situation gagnant-gagnant pour tout le monde.

Bon. On se sent mieux maintenant ?

Mais qu'en est-il de notre motivation intérieure ?

Penchons-nous sur le sujet maintenant.

LA MOTIVATION.

Voici une question rhétorique.

Quelle est notre meilleure source de motivation ?

A. Interne ?

B. Externe ?

Bien entendu, on connaît tous la réponse. La motivation personnelle, celle qui provient de nous-mêmes, nous accompagne au quotidien.

Et comment trouve-t-on cette motivation à l'intérieur de nous ?

Facile. Souvenez de notre étude de cas où l'on a mesuré l'impact sur la motivation de trois groupes de vendeurs en changeant l'histoire dans leurs têtes ? Et rappelez-vous ce qui s'est produit chez le groupe avec qui l'on a partagé des témoignages de clients emballés ? On peut gonfler à bloc notre propre motivation de la même façon.

Et c'est précisément ce qu'on devrait faire pour bâtir et nourrir notre motivation interne. C'est pourtant simple, mais plusieurs éprouvent de la difficulté parce qu'ils négligent cette étape ou stratégie.

Par exemple, si nous vendons de l'assurance, nous devrions visiter des veufs, veuves ou des familles qui ont perdu leur principale source de revenu au moment où le décès s'est produit. Imprégnons-nous de leurs histoires sur rôle majeur que leur contrat d'assurance-vie a joué dans leurs vies durant cette dure épreuve.

Si on vend des produits amaigrissants, on peut rendre visite à des clients comblés et plus minces qui ont redoré leur image personnelle et leur santé en utilisant nos produits. Ils pourraient nous montrer leur nouvelle garde-robe. Ou nous parler des longues marches qu'ils peuvent maintenant prendre avec leurs enfants.

Et si l'on promotionne des produits de soin de peau qui élimine l'acné juvénile ? Avouez qu'il serait amusant d'entendre les témoignages d'adolescentes qui étaient terrorisées par le retour à l'école, mais qui se sentent maintenant confiantes avec leurs teints de peau splendides ?

Et si nous avons des doutes à propos de notre opportunité d'affaire ? Que pouvons-nous y faire ? Nous pourrions rendre visite à des leaders à succès de notre entreprise qui ont transformé leurs vies et leurs comptes de banque grâce à leur implication et leur persévérance.

Si on offre des voyages à rabais, imaginez la joie de visiter une famille qui revient tout juste de Disney ? On pourrait s'imprégner de leur histoire qui raconte leur séjour, le fait qu'ils n'auraient jamais pu se permettre ce voyage auparavant, et comment notre compagnie leur a permis de réaliser ce rêve.

Chaque témoignage gonfle notre croyance. On peut alors créer et raffiner l'histoire dans notre tête pour nourrir notre motivation, et par le fait même, notre conviction. Lorsque notre histoire et notre conviction gagnent en force, notre niveau d'inconfort à diffuser notre message diminue.

C'est notre objectif. Éliminer l'inconfort lorsqu'il s'agit de partager notre message. Et bientôt, on pourra se nourrir des histoires à succès de nos propres clients, ce qui facilitera encore plus nos approches.

Est-ce que notre histoire intérieure peut anéantir notre motivation à parler aux gens ?

Oui. Voici un exemple.

Une compagnie a retiré un certain bonus de son plan de rémunération. Comment certaines personnes ont-elles réagi ?

« Oh non ! C'est terrible. Ils ont retiré un de nos bonus. Notre plan n'est plus aussi attrayant qu'avant. Plus personne ne voudra joindre notre entreprise. »

C'est une réponse émotionnelle typique envers un événement très fréquent. Le plan de rémunération n'est plus aussi lucratif qu'auparavant.

Mais quelle est la valeur du plan de rémunération sans ce bonus ? Elle demeure de beaucoup supérieure au plan de compensation initial de la compagnie. À l'origine, le plan était très rudimentaire. Et pourtant, les gens y voyaient tout de même l'opportunité et joignaient les rangs. Et ils joignaient les rangs, encore et encore. Chaque année le plan était bonifié de quelques petits extras. Et les gens continuaient à joindre l'entreprise.

Cette année ? La compagnie a retiré un des petits extras. Le plan de rémunération est encore formidable, mais certains membres se sont raconté une nouvelle histoire : « Plus personne ne voudra joindre notre compagnie avec ce plan de rémunération moins payant. »

Eh oui. Les distributeurs ont fabriqué de toutes pièces cette nouvelle histoire : « Plus personne ne voudra joindre notre entreprise sans ce bonus. »

Pourraient-ils créer une nouvelle histoire différente dans leurs esprits ? Oui. Aidons-les à intégrer une histoire différente sans plus attendre.

« Lorsque notre compagnie a démarré ses activités, nous n'avions aucune brochure. Notre plan de rémunération n'offrait qu'un seul type de revenu. Au fil des années, la compagnie a ajouté 11 nouveaux bonus pour gonfler notre chèque de commissions. Même lorsque nous n'avions qu'un seul type de revenu, les gens étaient tout de même emballés par notre opportunité. Ils comprenaient que le fait de joindre notre entreprise pourrait leur permettre de changer leurs vies. Ils voulaient notre opportunité. Hier, notre compagnie a retiré un de ces 11 nouveaux bonus. Il reste donc encore dix bonus accessibles ! C'est tellement mieux que lorsque nous avons démarré. Sans oublier que notre compagnie a acquis une certaine stabilité et une excellente réputation. Pour les nouvelles recrues qui se joignent à nous aujourd'hui, ce sera sans doute l'opportunité la plus excitante de leurs vies. »

N'oubliez pas, c'est une histoire. Une histoire que nous fabriquons et que nous installons dans nos esprits.

On devrait maintenant réaliser que : « Les histoires sont fantastiques ! Pourrais-je utiliser cette technique qui consiste à raconter des histoires pour amener les prospects à joindre plus facilement ? »

Bien sûr. Prenons un moment pour regarder comment cela fonctionne.

Si on hésite à demander un rendez-vous, pourquoi ? Avons-nous des réserves dans notre esprit qui nous portent à croire que nos prospects pourraient ne pas bénéficier de notre offre ? Si c'est le cas, réglons ça avec une histoire. Dans notre esprit, nous allons créer le scénario du « pire qui puisse arriver. » Et si notre scénario du « pire qui puisse arriver » constitue tout de même une amélioration dans la vie de nos prospects, alors on se sentira plus confiants de leur parler.

Deux exemples rapides. Le premier concerne les produits amaigrissants. L'autre concerne les services publics.

Voici à quoi pourrait ressembler notre nouvelle histoire pour les produits diététiques :

« Lorsque vous vous inscrirez et recevrez votre boîte de produits, laissez-moi vous décrire le pire qui puisse arriver. Personne à qui vous en parlerez, pas même votre mère, ne voudra acheter vos produits amaigrissants. Vous retournerez donc à votre travail et à vos occupations, puis vous déciderez de ne plus développer le volet entreprise. Vous utiliserez vous-même les produits que vous avez achetés, et vous finirez par perdre cinq kilos tout en gagnant de l'énergie. Mais ce n'est pas tout, vous aurez économisé de l'argent en profitant du rabais distributeur. Pouvez-vous vivre avec ce « pire des scénarios ? »

Wow ! La plupart des prospects diront oui à cette histoire, sans même connaître les détails du plan de rémunération.

Bon, regardons maintenant l'histoire des services publics que nous pourrions raconter à nos prospects.

« Quand vous adhérez à notre service, le pire qui puisse arriver est que vous finissiez par intéresser 50 personnes qui veulent économiser sur leurs factures d'électricité. Ça pourra prendre 50 jours, 50 semaines ou 50 mois. C'est à vous de choisir. Prenez autant de temps que vous le voudrez, mais vous finirez par trouver 50 personnes qui voudront payer moins cher plutôt que de payer plus. Tout le monde n'est pas nul en maths, la plupart réaliseront qu'il vaut mieux payer moins. Vous aurez alors une pension de 500$ par mois. C'est une bonne chose. Et vous n'auriez pas eu à travailler et à attendre 40 ans pour la recevoir. Voilà donc le pire qui puisse vous arriver quand vous rejoignez notre entreprise. »

Si on le voulait, on pourrait poursuivre nos histoires avec un soupçon d'espoir et de positivisme. Voici un exemple.

« Maintenant, si vous décidiez de développer une équipe, les choses iraient encore plus vite et mieux. Vous aurez droit à de nombreux bonus instantanés et à long terme. La plupart des personnes qui se joignent à l'équipe décident d'aider leurs amis à recevoir un second chèque de paye. Leurs amis en ont besoin. Et ensuite, ils aident leurs amis et reçoivent des bonus supplémentaires chaque mois. Vous pouvez développer une équipe aussi grande que vous le souhaitez. C'est à vous de décider. »

Nous pouvons résoudre la plupart de nos problèmes de peur et de motivation interne grâce à cette technique simple pour créer la bonne histoire intérieure. Il faut peut-être un peu de temps à notre subconscient pour accepter l'histoire, mais il cèdera avec la répétition. Nous pouvons amener notre subconscient à croire presque n'importe quoi avec la répétition. On peut maintenant commencer à prendre le contrôle de notre esprit.

Les rendez-vous : « Ce qu'on fait POUR quelqu'un, et non À quelqu'un. »

Voici une bonne règle à se souvenir. Elle nous place dans le bon état d'esprit. Lorsqu'on fait quelque chose pour les autres, on se sent bien naturellement. Que faisons-nous pour se sentir si bien ? On leur offre une option de plus dans leurs vies.

Notre problème est qu'on devient très emballés par les bénéfices que nous allons en retirer, et on approche les gens avec en tête l'intention de LEUR faire quelque chose. On désire les amener à acheter notre produit ou notre service, ou encore à joindre notre entreprise, afin de nous permettre de nous qualifier pour le prochain niveau. Notre objectif personnel prend le dessus. Les prospects le ressentent et quelque chose semble clocher. Ils refusent. On se sent rejetés. On le prend sur une note personnelle. On se sent mal.

Contrôler notre peur et notre anxiété est un travail de l'intérieur. On devrait diriger nos pensées et nos intentions vers le désir d'offrir à nos prospects une autre option pour améliorer leurs vies.

Est-ce que je peux simuler mes intentions ?

Non. On doit véritablement n'avoir en tête que le désir de leur offrir une option de plus. Les prospects peuvent percevoir les intentions déguisées. Comment ? Ils disposent de programmes sophistiqués au niveau du subconscient qui nous scrute afin de détecter des indices. Tout le monde utilise ces programmes. Même nos animaux de compagnie peuvent détecter si nous sommes sincères ou non !

Alors simuler nos intentions ne fonctionne pas. On doit faire passer notre état d'esprit de : « Tout tourne autour de moi et ce que je peux y gagner » à « Ce que je fais se résume à offrir une magnifique option aux prospects qu'ils peuvent choisir pour améliorer leurs vies. »

Arrêtez de « tenter » d'obtenir des rendez-vous avec des étrangers.

Prenez quelques instants pour réfléchir à cet énoncé.

Concentrez-vous sur le « portrait global » lorsqu'on tente d'obtenir un rendez-vous avec un étranger.

La clé du succès pour générer ce rendez-vous se trouve dans ce qui se déroule avant que nous proposions le rendez-vous.

Il n'y a donc pas de phrase ou de formule magique ? Non.

Notre succès dépend de ce qui se passera avant que nous demandions au prospect de nous accorder un peu de temps. Ne comptez pas sur un script magique pour automatiser la prise de rendez-vous.

Scripts magiques ?

Cela relève de la pensée magique. Et même s'ils existaient, il faudrait plus que quelques mots pour obtenir des rendez-vous avec des étrangers. Par exemple, est-ce qu'un script magique pourrait fonctionner lorsqu'utilisé par un enfant de 7 ans ? Probablement pas. Il y a donc d'autres facteurs à considérer tels que : la personne qui utilise les mots, les indices inconscients projetés avec les mots, etc.

Alors que pouvons-nous faire pour devenir plus efficaces avec les étrangers ?

Promouvoir les bénéfices de notre produit ou service semble artificiel et déplacé. Pourquoi ?

Entre autre parce que nous sommes tous dotés de programmes subconscients sophistiqués qui détectent les intentions. Nous avons besoin de ces programmes pour assurer notre survie. Souvenez-vous, à l'époque de l'homme des cavernes, lorsque nous croisions des étrangers dans la forêt. On devait rapidement déterminer quelles étaient les intentions de l'inconnu devant nous. Si on commettait une erreur, nous mourrions sans pouvoir contribuer au patrimoine génétique mondial. Donc, seuls les hommes des cavernes les plus allumés pouvaient survivre.

Comment les prospects détectent nos intentions ? Notre langage corporel, le ton de notre voix, nos micro-expressions faciales, et les mots que nous utilisons. Dans le cas d'un appel ou d'un envoi par messagerie, les prospects ne peuvent pas se fier à notre langage corporel ou à nos micro-expressions faciales. Leurs options d'analyse sont donc limitées. Ils n'auront alors comme seuls indices le ton de notre voix, et les mots que nous choisirons. Il n'y a presque rien d'autre à analyser pour eux et, règle générale, ils détectent rapidement lorsque c'est un appel de vente.

On nous répète souvent :

- Les gens adorent acheter mais détestent se faire vendre.
- Les gens préfèrent construire des relations d'abord.
- Les gens préfèrent acheter des gens qu'ils connaissent, qu'ils apprécient et en qui ils ont confiance.
- Les gens sont plus sensibles à ce qu'on leur fait ressentir qu'à ce qu'on leur présente.
- Personne n'achète d'un étranger.

Vous notez une ligne directrice ? Les prospects ont besoin de ressentir un minimum de connexion avant tout. Notre offre passe au second plan.

Cette règle est très jolie et semble très sensée sur papier ; mais on ne connaît pas tout le monde personnellement. Alors comment arrive-ton à développer une connexion avec des étrangers ?

Voici la version abrégée :

1. Avoir la bonne intention. On dont être animé par un désir sincère d'aider notre prospect.

2. Utiliser des compétences éprouvées pour établir la connexion.

Si nous ne sommes pas familiers avec les compétences pour établir une connexion, en voici quelques unes pour démarrer. Notez que l'art d'établir une connexion est la compétence la plus importante dans notre carrière. Sans elle, personne ne nous fera confiance, ni ne croira ce qu'on dit. Voici les principales astuces pour débuter :

1. Sourire. Même lorsque nous sommes au téléphone. Les prospects ont tendance à croire ce que l'on dit quand on sourit. C'est étrange, mais ça fonctionne.

2. Mentionner aux prospects un fait auquel ils croient déjà. Ils reconnaîtront que nous avons du génie, comme eux.

3. Lire dans leurs esprits. Deviner ce qu'ils pensent. (Nous en discuterons plus tard dans ce livre.)

4. Utiliser des mots qui ordonnent la connexion tels que : « Eh bien, vous savez comment… » en les plaçant devant le fait qu'on leur partage.

Voici qui nous permettra de démarrer.

Est-ce que la pression des pairs peut faire une différence ?

Oui. Cependant, la pression des pairs représente une motivation externe, ce qui n'est pas aussi efficace que la motivation interne.

Voici un exemple de pression des pairs.

Dimanche soir, on rassemble l'équipe pour une séance de contacts téléphoniques pour céduler des rendez-vous. Comment se sentent les membres de l'équipe ?

La plupart se disent probablement : « Je ne me sens pas à l'aise de faire ces appels, mais je dois faire ma part pour l'équipe. Si on obtient tous des rendez-vous, nous allons progresser. »

On peut mettre de coté temporairement la peur et l'anxiété en utilisant la pression des pairs, mais on ne règle pas le problème à long terme. La motivation fonctionne mieux et plus longtemps lorsqu'elle provient de l'intérieur.

Et si on ne se sent toujours pas confortables de contacter les gens sur notre liste de noms ?

Si on ne se sent pas à l'aise de contacter les gens qu'on connaît, c'est peut-être parce qu'on ne sait pas comment on peut les aider. Essayons de penser à ce dont ils pourraient avoir besoin pour résoudre leurs problèmes. Est-ce quelque chose que nous pouvons leur offrir ? Si la réponse est oui, on se sentira mieux lorsque viendra le moment de les contacter. C'est le moment de faire quelques recherches pour savoir de quelle façon on peut aider nos prospects.

Tout d'abord, jetons un coup d'œil à un exemple dans le monde réel. Par la suite, on pourra facilement l'appliquer au monde virtuel ou numérique.

Imaginons qu'on promotionne des produits de nutrition, mais qu'on ignore les problèmes de nos prospects. On interroge les gens qui sont concernés par leur santé. À l'aide de quelques questions, on peut découvrir pourquoi ces gens désirent jouir d'une bonne santé, et en quoi on peut les aider à y arriver grâce à nos produits.

Dans l'univers numérique, c'est encore plus simple. On peut joindre des communautés et des groupes de discussions qui échangent sur la santé ou des problèmes de santé particuliers. Nous en apprendrons davantage sur ce qu'ils recherchent et, ce sera un pas de géant dans notre objectif de les aider.

Devrais-je cibler ma famille et mes amis pour commencer ?

Cibler ? Attardons-nous à l'état d'esprit derrière le mot « cibler. »

Ce mot laisse sous-entendre que notre objectif est de les enrôler ou encore, leur vendre quelque chose pour en retirer un bénéfice. C'est donc un mot qui peut augmenter notre peur et notre anxiété lorsqu'on anticipe de les contacter.

Soyons gentils avec nous-mêmes. Changeons notre état d'esprit pour le suivant : « leur offrir une option supplémentaire pour améliorer leurs vies. » Avec cet objectif en tête, notre intention sera bien reçue par notre famille et nos amis, et ils nous répondront avec plus de gentillesse.

Obtenir des rendez-vous est difficile et terrifiant lorsqu'on débute. Ce degré de « difficulté et de peur, » on se l'inflige nous-mêmes par l'histoire interne qu'on se raconte. On doit donc commencer par changer la façon dont on gère nos pensées et nos sentiments face à la prise de rendez-vous. Il n'y a rien à l'extérieur de nous qui complique cette étape si on a la bonne histoire en tête.

Acquérir les compétences lancera le momentum et nous aidera à développer notre entreprise plus rapidement.

Mais souvenez-vous : l'état d'esprit d'abord. Ensuite on ajoute les compétences.

Nous avons suffisamment discuté d'état d'esprit.

Place maintenant aux mots et aux phrases qui fonctionnent. Comme on l'a déjà mentionné, le script n'est qu'une partie de la formule. Un super script utilisé par un enfant de 3 ans... ne fonctionnera pas. Alors quels sont les autres facteurs de compétence, autres que les mots ? Nous en discuterons sous peu.

C'est donc le moment de lever le voile sur ce qu'il faut dire et faire lorsqu'on approche les gens.

LES COMPÉTENCES.

Notre partie favorite !

Si notre état d'esprit est adéquat mais que les résultats ne sont toujours pas au rendez-vous, alors on doit se rendre à l'évidence : certaines compétences nous font défaut et nous empêchent de progresser.

Utiliser des mots inappropriés tels que : « J'ai joint une nouvelle opportunité d'affaire et j'aimerais te faire une présentation » équivaut à se tirer une balle dans le pied. Je sais, je sais. Vous ne diriez jamais ce genre de choses. Keith et moi non plus. OK, Keith ne le ferait jamais. Je l'ai cependant fait quelques centaines de fois avant de comprendre mon erreur. Je n'apprends pas très vite. :)

Donc, si nos compétences sont terribles, notre attitude positive et bien attentionnée ne nous mènera pas à la rédemption. Chaque petite compétence acquise nous rend meilleurs.

La meilleure façon d'apprendre de nouvelles compétences ?

Tout d'abord, voici la pire façon.

Prendre un cours de cuisine qui s'échelonne sur quatre années. Une fois gradué, sortir les casseroles et allumer le four pour la première fois et tenter de se rappeler des notes de cours que nous avons mémorisées. La recette parfaite pour… un désastre culinaire !

Et la meilleure façon d'apprendre ?

Lire des livres, prendre des cours et assister à des ateliers. Accélérer la courbe d'apprentissage en utilisant l'expérience des autres comme un levier. Mais, à chaque nouvelle astuce, sortir et la mettre en pratique. De cette façon, on peut l'intégrer plus facilement et l'installer dans nos automatismes.

On a appris l'astuce. On l'a expérimentée. On l'a intégrée. On n'a plus à la mémoriser. C'est comme conduire une voiture ou une bicyclette.

Apprendre, pratiquer, apprendre, expérimenter, apprendre, essayer, etc.

La grande leçon.

Apprendre une compétence et prendre de bonnes notes ne représentent que la moitié du chemin vers la compétence. En faire l'expérience est nécessaire. On doit constater comment chaque partie de la compétence se positionne dans le feu de l'action. On ne veut pas se lancer sur le terrain pour parler aux gens et se dire : « J'ai l'intuition que ça pourrait fonctionner. » Ce qu'on désire, ce sont de véritables expériences et une validation… pas simplement une intuition.

Voici un autre exemple qui confirme l'importance de cette étape. Notre esprit conscient peut gérer une seule pensée à la fois. Si on lit un livre, qu'on assiste à un cours et qu'on regarde des vidéos sur la conduite automobile en même temps, ça fait beaucoup d'informations à gérer. Notre conscient ne peut pas y arriver. Si on prenait place au volant d'une voiture pour la première fois en tentant de se souvenir de toutes nos notes de cours, il y a fort à parier que l'expérience serait traumatisante.

Lorsqu'on apprend quelque chose et qu'on le met en pratique immédiatement, on en fait l'expérience. On développe une forme de mémoire multidimensionnelle. L'expérience s'imprègne dans notre subconscient et lui permet de l'intégrer et l'ajouter à nos automatismes. On n'a alors plus besoin de réfléchir au comment. C'est ce qui explique pourquoi c'est devenu aussi facile pour nous de conduire un véhicule. Tout est automatisé. On n'a plus à se concentrer pour exercer la bonne pression sur les freins ou pour braquer le volant tout en douceur au coin d'une rue.

On tente quelques phrases. On note la réaction des nos prospects. On note nos réponses. Lors de la prochaine approche, nos réponses seront plus efficaces et elles nous viendront plus rapidement. On peut ensuite passer à d'autres phrases.

Rapidement on peut découvrir presque toutes les réponses possibles que peuvent donner nos prospects. Terminé les surprises. Plus besoin de se demander quoi répondre. Lorsque notre expérience atteint ce niveau, on peut passer au niveau supérieur. De quoi s'agit-il ?

On focalise nos esprits et notre intention sur l'aide qu'on peut apporter à nos prospects. On écoute plus attentivement ce qu'ils disent. C'est ce qui différencie les amateurs des professionnels.

Alors pendant qu'on découvre ces compétences que suggère cette lecture sur la prise de rendez-vous, assurons-nous aussi de recueillir des expériences sur le terrain. C'est trop facile de s'asseoir à la maison et se dire : « J'ai le sentiment que cette phrase pourrait bien fonctionner. Je crois que mes prospects y répondraient de cette façon. »

Il faut se lancer sur le terrain dans de véritables interactions. On apprendra ce qui fonctionne pour nous et ce qui ne fonctionne pas. Il ne faut surtout pas sauter cette étape !

La compétence secrète en prise de rendez-vous que notre recruteur garde pour lui.

Cette compétence secrète est : « l'empathie. » Lorsqu'on fait preuve d'empathie, contacter les prospects devient facile et agréable.

Qu'est-ce que l'empathie ? C'est la capacité de se placer dans les chaussures de nos prospects. On essaie de penser comme eux, pendant qu'on leur parle. On tente de comprendre les choses de leur propre point de vue.

Grâce à l'empathie, on peut anticiper les objections. On prête attention aux réticences, et on porte attention aux besoins et aux problèmes de nos prospects. On devine alors quelles seront leurs objections et on peut y répondre avant même que ceux-ci n'aient eu le temps de les soulever. Prendre en charge les objections potentielles avant qu'elles ne soient émises est une stratégie simple et gagnante. Affronter les objections après qu'elles aient été formulées requiert des compétences de vendeur.

L'empathie.

La première étape pour connecter avec nos prospects est d'apprendre à mieux les connaître. Découvrir quels sont leurs problèmes, leurs vies, leurs batailles, leurs rêves. Besoin d'une preuve ?

Si nous sommes comptables, c'est naturel pour nous de discuter avec d'autres comptables. La connexion est instantanée. On sait comment ils pensent. On ressent leurs douleurs et leurs frustrations. On les connaît bien, même si on vient à peine de les rencontrer. On comprend leur vie et on éprouve de l'empathie.

Donc, la première étape pour établir la connexion est de connaître nos prospects. Ils sentiront qu'on les comprend. Nous sommes alors sur la bonne voie pour décrocher un rendez-vous.

Maîtriser la prise de rendez-vous passe par la compréhension de cette faculté, l'empathie, pour faciliter la connexion.

Si nous sommes ingénieurs, on se sent à l'aise de connecter avec d'autres ingénieurs. On les comprend.

Est-ce que les ingénieurs devraient tenter de contacter et connecter avec les artisans, les diseuses de bonne aventure, ou encore les membres du club de chandelles local ? Probablement pas. Si nous sommes déjà impliqués dans une profession ou un hobby quelconque, pourquoi ne pas y consacrer notre temps et nos efforts ?

La seconde étape est de dresser une liste des douleurs et des frustrations des gens avec qui nous avons quelque chose en commun. Comment pouvons-nous présenter efficacement notre offre sans savoir en quoi elle peut réduire leurs douleurs et leurs frustrations ?

Un exemple ?

Les comptables. Quelles sont les problèmes et frustrations récurrentes chez les comptables ? Naturellement, tous les comptables ne seront pas tourmentés par toute la liste qui suit ; mais plus nous en connaissons, plus nous avons d'options pour nos présentations.

- Devoir refaire sa certification tous les deux ans.
- Longues heures de travail durant trois mois en période d'impôts.
- Les clients qui fournissent des dossiers brouillons et incomplets.
- Perspectives d'avancement limitées.
- Ambiance et confrères de travail plutôt monotones.
- Attentes irréalistes des clients.
- Trop de détails et dossiers à suivre.
- Faire la navette vers le centre-ville chaque jour.
- Travail hautement répétitif.

Cette liste est un départ. Ce ne sont que quelques exemples parmi d'autres. On comprend maintenant mieux leurs douleurs et leurs frustrations.

Est-ce que nos prospects comptables peuvent maintenant ressentir que nous les comprenons et que nous éprouvons de l'empathie pour eux ? Oui.

La troisième étape ? Les mots. Les mots justes viendront maintenant à nous sans efforts. Saurons-nous quoi dire pour briser la glace et pour conclure ? Et pourrons-nous aussi comprendre leurs objections connaissant leurs problèmes. On sait maintenant comment proposer nos produits et notre opportunité. Nous allons connecter avec les gens plutôt que d'utiliser la même présentation de vente générique pour tout le monde. Personne ne souhaite être traité comme un numéro. Une bonne connexion et la clé.

Plusieurs réseauteaurs ont passé des années à assister à des centaines de formations et conventions, et pourtant, personne ne leur a jamais enseigné l'ABC de la prise de rendez-vous.

Décrocher des rendez-vous nécessite des compétences. Une fois que nous avons fait le tour de nos amis proches et de la parenté, les choses se corsent. On doit lancer des conversations sans aucune confiance préétablie. Et on leur demande ensuite de nous accorder une partie de leur précieux temps. Et le fait qu'on souhaite leur vendre quelque chose rend les choses encore plus difficiles. Ils perçoivent tout ça.

Avec le bon état d'esprit et en étant confiants de pouvoir leur offrir une valeur ajoutée, il devrait être facile d'obtenir des rendez-vous avec des étrangers... n'est-ce pas ?

Non.

Essayons de comprendre ce qui se passe dans nos têtes, chaque seconde, chaque jour.

« Qui a nourri le chien ? Il faut que je pense au souper ce soir. Qu'est-ce que je vais porter pour le travail demain ? Comment vais-je solutionner le problème majeur dans notre projet de groupe ? Quel feuilleton je préfère regarder à mon retour à la maison ce soir ? Puis-je me permettre des vacances familiales en ce moment ? Vers quelle destination pourrais-je m'envoler sans me ruiner ? Et si ma conjointe est congédiée ? Et si… »

Tant de décisions à prendre, et si peu de temps. On ne peut gérer qu'une décision à la fois. Les autres décisions font la queue en nous mettant la pression pour finaliser celle en cours de traitement. Ouah. Stress. On manque de temps. Et tout ça sans parler de ce satané vendeur qui me demande de l'écouter et de mettre toutes mes décisions à prendre sur pause. C'est inhumain. Ces décisions sont trop importantes à prendre et je dois le faire maintenant.

Imaginons que toutes ces pensées monopolisent notre esprit et que… le téléphone sonne. Voici comment on pourrait interpréter les mots de la personne au bout du fil. Prêts ?

Lui : « Bonjour. Mon nom est Monsieur X. »

Nous : (Je dois cesser tout processus de décision et me sur pause quelques secondes. Mais que peut bien vouloir cet étranger qui ose m'interrompre ?)

Lui : « Je viens tout juste de joindre une opportunité d'affaire très excitante… »

Nous : (Aille. Vendeur. On va tenter de me vendre quelque chose. Je dois me mettre en mode sceptique. Alerte, vendeur manipulateur en approche.)

Lui : « Et je n'ai besoin que de 20 minutes de votre temps. »

Nous : (Quoi ? 20 minutes ? Tu es cinglé ! Je ne peux pas mettre toutes ces décisions à prendre sur pause pour 20 minutes ! Je n'ai même pas 20 secondes à t'accorder !)

Lui : « Je désire vous faire une présentation. »

Nous : (Présentation ? ! ! ! ! C'est un vendeur ça c'est certain. Levez les barricades. Cachons-nous. Courrez ! Courrez ! Sauve qui peut !)

Lui : « Alors quel serait un bon moment pour se rencontrer ? Jeudi à 15h, ou vendredi à 18h ? »

Nous : (Jamais.) « Je suis désolé. Je suis très occupé. Je n'ai pas de temps. Nous sommes en plein déménagement. Oui, c'est ça. On quitte le pays. Je n'ai plus une seule case blanche à mon agenda. »

L'empathie à la rescousse !

À notre tour maintenant d'initier l'appel afin de décrocher un rendez-vous. En tant que professionnels, on perçoit le sentiment d'interruption et d'inquiétude dans la voix de notre prospect. On utilise alors une de nos formules éprouvées pour lui laisser savoir que nous comprenons ses craintes.

Une partie de notre attention se portera sur les objections qui surgissent afin de pouvoir rapidement insérer des phrases pour désamorcer ces objections. Ça devrait nous permettre de maintenir une conversation amicale et agréable. Par exemple, pour l'objection « Je n'ai pas de temps en ce moment, » voici quelques phrases pour la désamorcer :

- « Je t'attrape probablement au beau milieu de quelque chose. Ça n'est pas nécessaire qu'on se parle tout de suite. Je t'appelle simplement pour céduler un moment plus propice pour toi pour discuter. »
- « Ne parlons pas maintenant. Tu es occupé. Mais regardons ensembles le meilleur moment pour se parler plus tard. »
- « Ça n'est probablement pas le meilleur moment pour se parler. Je dois te laisser retourner à tes trucs. Quel serait un bon moment pour toi pour discuter trois minutes ? »
- « Je suis désolé de t'attraper à un mauvais moment. Quand pourrions-nous parler ? »
- « Oups. Tu sembles super occupé et je ne veux pas en rajouter à ton stress. Quand serais-tu disponible pour parler environ trois minutes ? »
- « Je sais que tu es occupé en ce moment. Quel serait le moment le plus propice pour te rappeler ? »
- « Je n'ai qu'une minute pour le moment. Je désirais simplement savoir quel serait le meilleur moment pour toi pour une brève conversation. »
- « On dirait que tu en as plein les bras. J'ai de bonne nouvelles. Quel serait un bon moment pour te rappeler ? »
- « Ça n'est probablement pas un bon moment pour discuter. Quel serait le moment le moins dérangeant pour qu'on puisse discuter ? J'aurai besoin d'environ trois minutes de ton temps. »

Avoir en poche ces petites phrases toutes prêtes nous permettra non seulement de réduire notre peur de contacter, mais aussi de détendre nos prospects.

Un brin de préparation et de bonnes phrases feront toute la différence dans notre désir de rendre plus agréable et efficace la prise de rendez-vous.

LES PREMIÈRES SECONDES.

On s'affaire à contacter des prospects pour obtenir des rendez-vous. De combien de temps ont-ils besoin pour déterminer s'ils souhaitent céduler cette rencontre avec nous ou pas ? Quelques secondes seulement.

Alors à quelle vitesse devrions-nous insérer notre solution de problème dans la conversation ?

Dès que possible. Avec nos amis proches, on doit socialiser un peu d'abord, mais avec les étrangers, il faut dévoiler le motif de notre appel dès le départ.

En rassemblant nos notes et stratégies d'appels, on souhaite avoir en mains une liste remplie d'options. On fait ensuite nos recherches avant d'effectuer nos appels afin de déterminer les problèmes et bénéfices les plus susceptibles de capter l'attention de nos prospects. Voici quelques idées.

Problèmes :

- Difficile de s'en sortir avec un seul chèque de paye.
- Manque de temps à passer avec les enfants.
- Pas de possibilités d'avancement au travail.
- Bouchons de circulation terribles chaque jour pour se rendre au travail.
- Incapable de s'offrir des vacances dignes de ce nom.

COMMENT OBTENIR DES RENDEZ-VOUS SANS REJET

- On ne rajeunit pas.
- Manque d'énergie.
- Acné.
- Les parfums sont hors de prix.
- Les rides.
- Les enfants qui refusent de bien se nourrir.
- Craindre les contraventions.
- Les factures de téléphone trop élevées.
- Les factures d'électricité qui explosent.
- La graisse qui s'accumule durant notre sommeil.

Bénéfices :

- Recevoir un second chèque de paye.
- Contrôler notre horaire quotidien.
- Apprendre et progresser grâce aux fruits de nos efforts.
- Travailler de la maison.
- Des vacances de luxe à rabais.
- Garder nos corps jeunes et fringants.
- Avoir plus d'énergie qu'un enfant de 3 ans.
- Avoir la peau plus douce que des fesses de bébé.
- Des parfums de qualité sans le prix des grandes marques.
- Réduire l'apparition et l'apparence de nos rides en dormant.
- Des légumes en capsules.
- Un avocat au bout du fil.
- Des factures de téléphone réduites.
- Des factures d'électricité abordables.
- Brûler des gras en dormant.

Nous aurons besoin de ces exemples dans un chapitre à venir alors que nous apprendrons à exprimer avec exactitude ce qu'on souhaite dire. Éventuellement, on voudra que les autres nous réfèrent des prospects. On devra leur faire comprendre pourquoi leurs amis et leurs références devraient nous contacter. Alors réfléchir à ces problèmes et bénéfices pour nos prospects nous place dans un excellent état d'esprit.

LES ÉLÉMENTS DE BASE D'UN SCRIPT TÉLÉPHONIQUE.

Qu'allons-nous dire ? On ne peut pas faire des appels en s'appuyant seulement sur notre attitude. On devra éventuellement dire quelque chose. On désire s'assurer que nos mots ne déclencheront pas l'alarme anti-vendeurs chez nos prospects. On devra aussi les rassurer en les avisant que cet appel sera bref et a pour objectif de céduler un rendez-vous.

Mais avant d'agripper le téléphone, faisons preuve d'un minimum de gros bon sens.

Avec vos amis, ne débutez pas l'appel en disant : « Comment tu vas aujourd'hui ? » Cette introduction soulève une odeur de vendeur désagréable que nos amis peuvent aisément flairer.

Ou que diriez-vous d'utiliser l'approche suivante avec un étranger ? « Bonjour ! Mon nom est John Doe et je vous appelle pour savoir si… » Est-ce que ça sonne comme un appel de vente ou un sondage pour vous ?

Vous voulez débuter avec un handicap ? Cette dernière approche nous rappelle le vendeur typique. On l'imagine tout droit sorti des années '70, avec un complet de lainage, déambulant de porte à porte en utilisant toutes ses tactiques de vente à pression. Évitons d'emprunter cette route. Voici quelques phrases à éviter pour ne pas activer ce genre d'images dans la tête de nos prospects. On veut être perçus comme de véritables humains plutôt que comme des vendeurs égocentriques.

- « Qu'est-ce que je dois faire pour que tu joignes mon opportunité aujourd'hui ? »
- « Qu'est-ce qui te convient le mieux : mardi 15h ou mercredi 17h ? »
- « Mais, ne t'intéresses-tu pas à l'avenir de ta famille ? » (Oui, ça frise l'impolitesse pure et simple.)
- « Je vais être dans ton secteur demain et j'aimerais te rendre une petite visite. » À quoi pense notre prospect en entendant ces mots ? « Dans mon secteur ? Petite visite ? ? ? Ça sent la présentation de vente. Et je n'ai pas l'air très important à ses yeux… »

Assez parlé de mauvais scripts. Voyons ce qu'on peut faire.

En voici un qu'utilise le spécialiste en prise de rendez-vous téléphonique Bernie De Souza. Sentez-vous à l'aise de l'adapter à votre style et à votre personnalité. Ce script est très court, mais très efficace. Vous vous rappelez ? Les prospects souhaitent que nous soyons brefs et que nous allions droit au but.

Le script de Bernie se déroule en cinq étapes.

1. Les mots d'ouverture.

2. Deviner ce qu'ils pensent.

3. Créer une connexion avec le prospect.

4. Un brise-glace pour susciter l'intérêt.

5. Conclure. Céduler le rendez-vous.

Bernie aime utiliser le mot « rencontre » plutôt que rendez-vous. Il précise : « Les rendez-vous sont davantage terrifiants. Songez aux rendez-vous chez le dentiste. Le mot rencontre semble plus léger. » Bien choisir ses mots peut faire une énorme différence dans les résultats.

Passons à travers ces étapes une à une. Nous allons supposer ici que nous contactons qui nous connaît déjà.

1. Les mots d'ouverture. « C'est Bernie. Est-ce un bon moment pour te parler ? » Dix mots. Les prospects savent maintenant qui les appelle. Bernie s'assure aussi que c'est un bon moment pour le prospect pour discuter. Souvenez-vous : si nous sommes polis, les autres seront polis.

2. Deviner ce qu'ils pensent. « Tu te demandes probablement pourquoi je t'appelle. » Sept mots qui démontrent que nous sommes respectueux et que nous faisons preuve d'empathie. Et puisque Bernie semble deviner ce que pensent les prospects, lui permettant de renforcir la connexion. Les prospects se sentent soulagés. Ces sept mots indiquent aussi que nous allons aller droit au but ; chose que les prospects apprécient beaucoup.

3. Créer une connexion avec le prospect. « Eh bien, tu sais comment… » Cinq mots. Après avoir débuté par « Eh bien, tu sais comment, » on mentionne aux prospects un problème qu'ils vivent probablement. Ces cinq mots contribuent à installer une forme d'accord mutuel et une meilleure connexion avec eux. Voici quelques exemples de ce à quoi ça peut ressembler :

- « Eh bien, tu sais combien nous avons tous les deux de la difficulté à gérer notre poids ? »
- « Eh bien, tu sais à quel point le trafic pour se rendre au travail se détériore d'un mois à l'autre ? »
- « Eh bien, tu sais combien on désire tous les deux offrir de belles vacances à notre petite famille cette année ? »
- « Eh bien, tu sais à quel point on déteste tous les deux notre emploi ? »

Les prospects hochent habituellement la tête en signe d'approbation lorsqu'ils entendent ces mots, même si nous sommes à l'autre bout du téléphone et non devant eux.

Pourrions-nous utiliser d'autres mots pour établir une connexion immédiate ? Certainement. On pourrait dire : « Je sais que tu es occupé. » Reconnaître ce fait aide notre prospect à se sentir mieux. On lui indique aussi que nous ferons un bon usage de son temps. On pourrait même faire mieux en lisant quelque peu dans son esprit, comme par exemple : « Tu es probablement au beau milieu d'un projet. »

4. Un brise-glace pour susciter l'intérêt. « Je viens de découvrir que... » suivi de notre solution possible. Cinq mots. À quoi ça ressemble dans le feu de l'action ? Voici quelques exemples :

- « Je viens de découvrir comment on peut perdre du poids en changeant ce qu'on mange au déjeuner. »
- « Je viens de découvrir comment on peut travailler de la maison plutôt que de faire la navette pour le boulot. »

- « Je viens de découvrir comment on peut épargner en payant le prix du grossiste pour nos prochaines vacances. »
- « Je viens de découvrir comment on peut devenir notre propre patron. »

On laisse ainsi savoir à nos prospects pourquoi on désire leur parler. Et si on ne sait pas ce qui pourrait les intéresser, on devrait faire davantage de recherches avant de les contacter. La réalité est que nos prospects prendront une décision immédiate quant à leur intérêt, ou non, de poursuivre la conversation. Alors mieux vaut être bien aiguillé !

On peut aussi créer un intérêt immédiat avec ces mots : « Est-ce que vous… ? »

Dans nos conversations avec les prospects, on peut les amener à focaliser davantage sur notre offre avec la question : « Est-ce que vous… ? »

Ce qui nous permet à la fois de réduire la durée de nos conversations et les rendre plus productives à la fois. Voici quelques exemples :

- « Est-ce que vous tentez d'économiser de l'argent sur votre facture d'électricité ? »
- « Est-ce que vous vous sentez fatigué l'après-midi ? »
- « Est-ce que vous auriez besoin de recevoir un second chèque de paye chaque semaine ? »
- « Est-ce que vous aimeriez offrir des vacances de qualité mais abordables à votre famille ? »
- « Est-ce que vous avez commencé à convertir votre foyer avec des produits moins toxiques et plus écologiques ? »

- « Est-ce que vous seriez intéressé à travailler de la maison plutôt que de faire chaque jour la navette ? »

Converser en tournant en rond représente une perte de temps pour les deux parties. Les prospects apprécient quand on va droit au but.

5. Conclure. Céduler le rendez-vous. « Est-ce que ça vous irait si... » Sept mots. Nous allons proposer une rencontre (rendez-vous). Voici quelques exemples :

- « Est-ce que ça vous irait si on se rencontrait samedi matin ? »
- « Est-ce que ça vous irait si on se rendait à la présentation d'affaire ensembles ? »
- « Est-ce que ça vous irait si on échangeait par vidéo conférence vendredi soir ? »
- « Tu es occupé tous les jours. Alors est-ce qu'il serait plus propice de discuter en cassant la croûte ensembles pour dîner cette semaine ? De cette façon, je ne nuirais pas à ton agenda serré. »
- « On devrait discuter. Je comprends que tu occupes un emploi à temps plein alors, est-ce qu'après le travail ou le week-end serait préférable pour toi ? »

Et... voilà !

Pour les gens qu'on connaît, c'est un bon cadre de travail. Pour les gens qu'on ne connaît pas, bien entendu, on devra faire quelques ajustements. Mais, souvenez-vous des points importants :

- Être concis.
- Aller droit au but.

- Être respectueux.
- Lorsque nous sommes polis, les autres nous rendront la politesse.

Et ensuite : pratiquer, pratiquer, pratiquer.

Pourquoi pratiquer ? Parce que sans pratique, les prospects peuvent percevoir notre incertitude et le désespoir dans notre voix. On doit aussi avoir en tête la bonne intention : les aider. On tient à ce que nos prospects perçoivent cette intention, qu'ils abaissent leurs défenses, et soient attentifs à notre message.

Une bonne façon de se mettre dans cet état d'esprit est de réciter ces mots justes avant de placer un appel : « Je désire aider cette personne. Je vais offrir à cette personne une option. Ensuite, elle pourra décider si cette option offre une plus value dans sa vie actuellement. »

De cette façon, si on commet une erreur ou qu'on oublie quoi dire, l'impression première que nous allons leur laisser est celle de quelqu'un qui souhaite les aider.

Est-ce la seule formule pour contacter les gens qu'on connaît ?

Non. Il y a plusieurs options pour obtenir des rendez-vous par téléphone. La formule en cinq étapes en est une. Mais cette formule nous aide à comprendre ce que nos prospects aimeraient savoir par la suite.

Si vous avez lu nos autres livres, vous reconnaîtrez le prochain script qui constitue une autre façon de contacter les gens par téléphone pour des prises de rendez-vous :

« Je suis tout à fait à l'aise avec ta décision de jeter un œil à mon entreprise, ou pas. Mais j'étais mal à l'aise de ne pas te le proposer, et que tu crois que je ne me soucie pas de ton opinion ou de toi. »

Cette approche « à l'aise/mal à l'aise » permet à tout le monde de se sentir bien. Nous d'abord parce qu'on ne leur demande pas de joindre notre entreprise ou encore d'acheter notre produit. On a simplement avoué que si on avait gardé le secret au sujet de notre entreprise, on ne se sentirait pas bien. Ce qui nous permet de justifier notre appel en même temps. De cette façon, notre approche prend tout son sens pour notre prospect. Et puisqu'on lui offre l'option de nous écouter, ou pas, on ne peut pas se sentir rejetés.

Et comment cette approche est-elle perçue par nos prospects ? Comment se sentent-ils ? Flattés bien entendu. Ils se sentent honorés par le fait qu'on désire partager notre secret avec eux. D'une certaine façon, ils ont le sentiment de faire partie de notre cercle d'amis intimes. Mais ce n'est pas tout. Nous avons aussi fourni à nos prospects une excuse facile pour se retirer de la conversation. Ils n'ont pas besoin de se débarrasser de nous. Ils peuvent tout simplement dire : « Merci de te soucier de moi. Je n'ai pas d'intérêt pour l'instant, mais j'apprécie que tu aies pensé à moi. »

Ceci dit, dans la plupart des cas, ils souhaiteront en savoir plus. Leur curiosité est une puissante source de motivation. Serait-ce possible d'utiliser une version « adaptée » de cette approche pour contacter quelqu'un qu'on ne connaît pas ? Imaginons qu'on appelle un prospect qui a répondu à une annonce. On pourrait démarrer la conversation dans ces mots :

« Vous avez répondu à notre annonce en remplissant un formulaire pour obtenir plus d'information. Je suis tout à fait à l'aise si vous avec changé d'avis entretemps. Mais je souhaitais vous contacter immédiatement pour éviter que vous pensiez que nous n'apprécions pas votre intérêt. »

C'est une excellente façon de démarrer une conversation avec un étranger. La pression s'estompe des deux cotés.

Cette approche, « à l'aise/mal à l'aise, » a aussi le mérite d'aller droit au but. Nos prospects peuvent prendre une décision immédiate quant à leur intérêt, ou non. On ne perd pas notre temps, nos prospects non plus, et tout le monde est content. Pas de rejet, sans rancune.

Est-ce qu'on continue ?

Oui ! C'est amusant.

Et si on a tendance à crée résistance, peur ou scepticisme lorsqu'on contacte les gens pour des rendez-vous ? On a alors besoin de phrases pour calmer le jeu. Voici quelques unes de nos phrases favorites pour y parvenir.

Imaginons que nos prospects offrent une résistance. On peut tout de suite dire :

« Détendez-vous. Vous n'aurez pas à prendre quelque décision que ce soit durant cet appel. Laissez-moi vous offrir l'histoire courte maintenant. Vous aurez alors quelques options supplémentaires dans le futur. » Cette phrase réduit habituellement le stress et la peur.

Voici quelques autres façons de dissiper la tension :

- « Est-il convenable de couvrir l'essentiel au cours des 60 prochaines secondes ? Vous pourrez ensuite décider si vous y voyez un bénéfice pour vous. » La promesse de seulement 60 secondes fait sourire notre prospect.
- « Déterminons rapidement si c'est pour vous, ou non. »
- « Je sais que vous êtes occupé, alors je serai bref. »
- « Est-ce qu'un bref échange par courriel vous conviendrait mieux ? » (À utiliser si on détecte une résistance importante.)

La persistance. Lorsque notre rêve n'est pas le leur.

Peut-on s'appuyer seulement sur la motivation sans se barrer les pieds avec les scripts et l'empathie ? Non. Pourquoi ne peut-on pas s'en remettre uniquement à notre persistance et notre force intérieure ?

Voici pourquoi. Même si nous en arrivons à un niveau de motivation qui nous permet de léviter dans les airs, on doit tout de même dire quelque chose. Les prospects s'en remettent en partie aux mots qui sortent de notre bouche lorsqu'il s'agit de nous accorder un rendez-vous, ou non.

Notre objectif n'est pas de diriger leurs vies à leur place, mais plutôt de leur offrir une option supplémentaire. Pour certains, les plans sont déjà en place. Pour d'autres, de nouvelles options sont les bienvenues. On veut se placer sur la route des prospects qui recherchent de meilleures options.

Comme vous le savez déjà, tout le monde ne souhaitera pas joindre notre entreprise, ou même céduler un rendez-vous. Peu importe la force de notre motivation ou notre degré de persévérance. Le monde ne tourne pas autour de nous et de nos besoins.

Cependant, analysons ce que nous avons à offrir. Est-ce une valeur intéressante ? Est-ce que ça peut changer les vies de nos prospects ? Est-ce que ça peut aider les autres ? Indubitablement. Et c'est la raison pour laquelle on le propose aux autres. Nous n'avons pas à être déçus lorsqu'ils décident de ne pas saisir notre offre. Ça n'est pas le bon moment pour eux. Et ça ne sera peut-être jamais le bon moment pour eux dans le futur non plus.

Mais avec près de huit milliards d'êtres humains sur cette planète, il y a amplement de prospects que accepteront notre aide.

Et si je ne connais rien de mon prospect ?

Ça entre dans la catégorie difficile en matière de prise de rendez-vous. Pourquoi appeler un prospect sans avoir d'abord fait quelques recherches ?

Il est possible que nos recherches ne donnent aucun résultat. Faire des appels « à froid » comme on dit dans le jargon, peut tout de même générer des résultats. L'astuce est d'amener les prospects à parler d'eux aussi rapidement que possible dans la conversation. Lorsqu'ils sont occupés à parler, à raconter leurs histoires refoulées, on établit un début de connexion. Mais plus important encore, on peut noter au passage des pistes de problèmes dans leurs vies que nous pourrions les aider à résoudre.

Alors posons à ces prospects une question qui les incite à s'ouvrir. Ils adorent parler d'eux.

Lorsqu'on a pu identifier un problème précis pour lequel nous avons une solution, on peut intervenir ainsi : « Je peux vous aider avec ça. Je sais que vous êtes occupé en ce moment. Convenons ensembles d'un moment pour en discuter plus longuement. Est-ce que la semaine prochaine vous conviendrait ? »

Besoin de quelques questions pour faire le travail ? En voici quelques unes qui pourront les inciter à s'ouvrir à vous.

- « Vous avez déjà songé à travailler de la maison à plein temps ? »
- « Seriez-vous intéressé à travailler pour vous-même, ou si vous préférez avoir un patron ? »
- « Aimeriez-vous avoir la chance d'être rémunéré selon votre performance plutôt qu'à un taux horaire fixe ? »
- « Que faites-vous pour garder la forme ? »
- « Est-ce que vous trouvez le fait de vieillir plutôt pénible ? »
- « Aimeriez-vous avoir la chance de bénéficier de déductions fiscales comme les entreprises ? »

Ce ne sont que quelques idées parmi bien d'autres. Utilisons notre imagination pour développer nos entreprises. Les prospects adorent parler d'eux. Les lancer dans la conversation est un jeu d'enfant.

FAIRE DES APPELS POUR OBTENIR DES RENDEZ-VOUS.

On se heurte à une boîte vocale, puis à une autre, et une de plus jusqu'à ce qu'enfin, quelqu'un réponde. Et de quelle façon on nous accueille ? On nous raccroche au nez de multiples façons :

« Je suis au travail. Appelle-moi à un autre moment. »

« Envoi-moi ton information par courriel ou donne-moi l'adresse de ton site internet. »

« Tu es un vendeur ? » Clic.

« Retire-moi de ta liste ! » Clic.

« Qui t'a dit de m'appeler ? ! ! ! » Clic.

« Je me fous de ce que tu vends, je ne suis pas intéressé. » Clic.

Attentes.

Notre première tâche est de calibrer nos attentes. On s'apprête à faire interruption dans la vie de quelqu'un. C'est la nature même d'un appel. On ne se sentira pas mal d'interrompre de la sorte si notre appel reste bref.

Donc, à quoi pouvons-nous nous attendre ? Lorsque nos prospects reçoivent notre appel, que seront-ils en train de faire ?

- Seront-ils occupés avec leurs enfants ?
- Seront-ils préoccupés par leurs problèmes courants ?
- Seront-ils blasés d'êtres assis devant le téléviseur ?
- Est-ce qu'ils seront en train de rêvasser ?
- Seront-ils en train de préparer les repas pour la semaine ?
- Est-ce que ce sera la journée idéale pour eux pour joindre notre entreprise ?
- Est-ce que ce sera le moment idéal pour eux pour nous accorder leur attention ?
- Seront-ils justement en train de penser à ce problème que nous pouvons les aider à solutionner ?

La dernière possibilité est peu probable. Les chances que nous contactions quelqu'un au parfait moment, la journée idéale, lorsqu'il est en pleine réflexion sur ses problèmes, et à la recherche d'une solution sont plutôt minces. Ce serait un appel très chanceux.

Cela dit, on comprend bien la loi de moyenne. On ne peut pas s'attendre à ce que tout le monde, tous les jours, sera enthousiaste de recevoir notre appel. Certaines personnes vivent une mauvaise journée. D'autres sont trop occupées. On comprend donc que si on compose dix numéros, une minorité répondra. Et de ces dix appels, on arrivera peut-être à décrocher un rendez-vous ou deux. Des attentes réalistes nous immunisent contre le découragement. Un brin d'empathie pour les journées chargées que vivent nos prospects nous permet de faire un bon bout de chemin.

La réalité est que la plupart des gens qui désirent résoudre leurs problèmes accueilleront favorablement notre appel. Ils seront heureux de convenir avec nous d'un moment propice pour en connaître davantage sur notre proposition. Ils apprécieront la politesse. Et inutile de mentionner qu'il vaut mieux avoir 100% de leur attention un peu plus tard que 20% tout de suite.

Bref, notre appel devrait être court. On ira droit au but, et nos prospects seront heureux. Souvenez-vous, l'objectif de notre appel est d'obtenir un rendez-vous, et non pas de faire une présentation complète par téléphone.

Tout le monde ne sera pas dans le bon état d'esprit pour joindre notre entreprise sur le champ. Tout le monde a une vie à vivre alors n'oublions pas de bien calibrer nos attentes.

Les circonstances changent.

Nous arrivera-t-il de se décourager ? Oui. Mais si on s'est fixé des attentes réalistes, on passera à travers nos mauvaises journées.

Une façon d'éviter le découragement est de rappeler le principe de la « parade. » Imaginons qu'on est debout sur le trottoir et qu'une parade avance lentement vers nous. On s'attend à ce que les gens qui déambulent devant nous changent toutes les 30 secondes environ. La prospection, c'est un peu comme ça. De nouvelles personnes deviennent nos prospects chaque jour.

On cherche de nouvelles personnes intéressées par notre opportunité d'affaire ? Chaque année, des millions de jeunes atteignent 18 ans. Voilà donc un tout nouveau groupe à qui on peut proposer notre opportunité. Et chaque année, bon an mal an, on a droit à un nouveau groupe.

Et que se produit-il dans les autres groupes d'âge ? Les gens vivent des changements de situations chaque jour. Certains changent d'emploi, d'autre le perde. Quelques uns se marient. D'autres souhaitent un changement de carrière. Aujourd'hui on parle à quelqu'un qui n'a aucun intérêt envers notre opportunité, et le mois suivant, sa vision des choses a totalement changé suite à des situations imprévues dans sa vie.

Si certains prospects disent « non » aujourd'hui, ça ne signifie pas « non » pour la vie. Alors si plusieurs n'ont aucun intérêt pour l'instant ? Un autre groupe de prospects suivent juste derrière dans la parade. Les prospects sont partout.

Vous désirez augmenter vos chances de décrocher des rendez-vous ?

La plupart des prospects ont planifié leur journée. Quant à demain ? Plus ou moins. La semaine prochaine ? À peine. Si on propose un rendez-vous aujourd'hui ou demain, nos prospects devront vraisemblablement déplacer quelque chose qui a une certaine importance pour eux. Plus on cédulera une rencontre à l'avance, moins nos prospects seront susceptibles d'avoir un engagement important à déplacer pour le respecter.

Cependant, le désavantage est que nos prospects oublient le rendez-vous s'il se situe trop loin à l'agenda. Ça demeure tout de même une règle à retenir : « Plus le rendez-vous est placé loin dans l'agenda, moins nous subirons de résistance de la part des prospects. »

QUE PUIS-JE LAISSER COMME MESSAGE SUR UNE BOÎTE VOCALE ?

Commençons par quelques exemples de messages que nous pourrions laisser.

- « Bien, il semble que le moment n'est pas bien choisit pour discuter. Essayons à nouveau jeudi à 18h00. Laisse-moi savoir si ça ne convient pas dans ton agenda. »
- « J'ai promis de te rappeler. Je ne voulais pas que tu penses que je t'ai oublié ou que je t'ai abandonné. De toute évidence, tu es occupé en ce moment, alors je vais te rappeler demain, à la même heure. »
- « Je crois que je t'ai manqué. Je vais donc t'envoyer une copie de ce qui est arrivé à M. Jones. Il a vécu le même problème que toi, et il a réussit à le régler. Je vais t'appeler demain lorsque tu auras eu quelques minutes pour jeter un coup d'œil. »
- « Hé ! Tu te souviens de moi ? J'ai promis de t'appeler suite au déjeuner de réseautage la semaine dernière. Bien hâte de poursuivre notre échange lors d'une prochaine rencontre. »

Bon, on a maintenant quelques options en poche pour éviter d'être pris par surprise au son du timbre et de laisser un message du type : « Euh, Hmm. Eh bien. Euh. Ouin, je vois que tu n'es pas à la maison et je, euh, voulais... attends, euh, hmmm... »

Cela dit, on peut faire encore mieux.

Posons-nous la question : « Pourquoi les gens ne nous rappellent pas ? »

La réponse est : « Parce qu'ils ne veulent pas nous parler ! »

Ça n'est pas la réponse qu'on désire entendre, mais la réalité est parfois brutale.

Personne ne veut appeler quelqu'un pour s'exposer volontairement à une présentation de vente. Personne ne se porte volontaire pour perdre son temps sans savoir de quoi il s'agit, ou quels sont les bénéfices potentiels.

On doit donner à nos prospects une bonne raison de nous rappeler. Et plus elle sera alléchante, meilleures seront nos chances de recevoir un retour d'appel, et d'obtenir un rendez-vous pour partager notre offre.

Comme on le sait déjà, nos esprits occupés ont déjà des centaines, voire même des milliers de décisions en attente. Pour qu'une décision soit placée en priorité, il faut qu'un bénéfice clair et attrayant soit mis en évidence. Alors plutôt que de se fondre dans la masse des vendeurs ordinaires et désabusés, nous allons livrer la marchandise. Vous voulez quelques idées ?

- « Je démarre ma propre entreprise et j'aimerais m'associer avec toi. »
- « J'ai décidé de vivre plus vieux, et je voulais t'offrir de m'accompagner dans cette quête. »

- « J'ai finalement décidé de faire quelque chose au sujet de mes rides, et j'ai pensé que ça pourrait t'intéresser aussi. »
- « J'ai apprécié travailler de la maison durant les trois derniers mois. J'aimerais maintenant que ça devienne permanent. Et toi ? »

Ou encore, on peut débuter la conversation avec un bénéfice immédiat. Voici quelques exemples :

- « J'appelle pour vérifier si je peux aider pour la levée de fonds de ton organisme. » Tous les organismes sans but lucratif ont besoin d'aide.
- « J'appelle pour savoir si tu aimerais offrir des bénéfices supplémentaires à tes employés. Un plus pour eux, sans aucun frais pour toi. » C'est toujours plus tentant lorsque c'est gratuit.
- « Nous sommes dans le même groupe d'aérobie. Aimerais-tu savoir comment prolonger l'effet de nos exercices pour brûler les gras pendant des heures et même des jours après la séance ? »
- « Je ne crois pas que nous pourrons conserver nos emplois dans la fabrication de cabines téléphonique encore très longtemps. Tu aimerais regarder une autre option de carrière avec moi ? »
- « Ton ami, Jean, a mentionné que tu es exactement comme moi, toujours à la recherche de nouvelles façons d'avancer. Tu aimerais savoir comme j'y parviens ? »
- « Je sais que tu es occupé en ce moment, mais quand pourrais-tu m'accorder 12 minutes pour t'aider à réduire tes factures d'électricité et de gaz naturel ? »

- « Tu es déjà occupé avec une petite famille et un emploi à plein temps. Quand pourrions-nous discuter dix minutes afin que je puisse t'aider à libérer un peu de temps ? »

Une ou deux phrases. Droit au but. Et nos prospects peuvent prendre des décisions immédiates suite à notre message vocal. On doit se positionner dans le « top 5 » dans leur longue liste de décisions à prendre.

La première chose que nous devrions faire pour raccourcir nos messages est de… les raccourcir. Arrivez-vous à percevoir la différence pour le cerveau entre la version longue et la version courte qui suivent ?

Longue : « Ce livre peut vous apprendre à surmonter la peur de générer des rendez-vous, à réinitialiser votre état d'esprit et comment focaliser sur les problèmes de nos prospects avec des phrases simples à apprendre… »

Courte : « 70 années d'astuces pour obtenir des rendez-vous dans un livre de poche. »

Longue : « Avec la récente déréglementation, notre entreprise a négocié des rabais et sécurisé des contrats à long terme avec les principaux fournisseurs de services. Nous pouvons maintenant partager ces rabais significatifs avec vous. »

Courte : « On peut réduire vos factures de services en 15 minutes. »

Longue : « Est-ce que vous êtes ouvert à d'autres sources de revenus ? Voici une excellente façon de diversifier vos entrées d'argent en développant un revenu résiduel, sans nuire à votre emploi actuel. »

Courte : « Que diriez-vous d'un second chèque de paye aussi tôt que vendredi prochain ? »

Vous remarquez que certaines formules manquent à l'appel ? Nous n'avons pas utilisé des mots et des phrases telles que :

- « S'asseoir ensemble et discuter. » (Qui a le temps de bavarder sans but précis avec un vendeur ?)
- « Je voulais juste voir comment tu vas. » (Ça ne semble pas très important.)
- « Je vais être dans ton secteur la semaine prochaine et je me demandais si… » (Ho oh. Ça ne semble pas très urgent ni important. Laisse-moi retourner à ma montagne de décisions à prendre.)

Vous percevez la différence entre l'approche courte et longue ? Si on se place dans les chaussures de nos prospects, avec l'histoire courte, le message est clair. On doit émettre un bénéfice rapidement.

Voici d'autres exemples de formules courtes que nous pouvons utiliser pour faire bouger nos prospects.

- « Je sais que tu travailles toujours de nuit, mais est-ce que tu aimerais changer de carrière pour ne plus devoir dormir le jour ? »
- « Je suis curieux. Aimerais-tu recevoir un chèque de paye supplémentaire chaque mois pour t'aider à régler ces frais de scolarité ? »
- « Je suis en train de regagner mes facultés de mémoire et de concentration. J'aimerais te dire ce que je fais. »

- « J'en ai eu assez de subir les moqueries de mes petits enfants au sujet de mes rides. J'ai un plan et j'aimerais le partager avec toi. »
- « J'ai reçu la facture des frais de scolarité de mon fils aujourd'hui. Par contre cette fois-ci, je ne suis pas préoccupé. Il faudrait qu'on parle toi et moi. »
- « Est-ce que tu reçois toujours des factures d'électricité chaque mois ? Il faut que je te parle de ce que je fais. »
- « J'ai réussi à réduire ma facture de gaz naturel considérablement. J'ai pensé à toi. Quand pouvons-nous discuter ? »
- « Tu aimerais offrir des bénéfices supplémentaires à tes employés pour qu'ils soient plus heureux ? Et si je pouvais t'aider sans que ça ne te coûte un seul sou ? »
- « Je suis vraiment curieux. Aimerais-tu travailler de la maison à nouveau ? »
- « Tu fais toujours la diète ? Tu dois essayer ça. Quand pouvons-nous parler ? »
- « Tu te pointes toujours au café du coin chaque matin ? Rappelle-moi. J'ai une option bien plus intéressante pour toi. »

Vous comprenez la stratégie ?

Tout ce qu'il faut faire, c'est de se poser la question : « Au final, qu'est-ce que mon prospect peut en retirer ? » Ensuite, résumez-le brièvement dans un message. Ils prendront une décision éclair pour déterminer si c'est bon pour eux, ou pas.

L'OBJECTIF DE L'APPEL EST DE DÉCROCHER UN RENDEZ-VOUS.

Nous : « Bonjour. Pourrais-tu te dépêcher et acheter ? J'aimerais éviter de devoir te faire une présentation complète. »

Bon, je vous le concède, on ne ferait jamais ça. Mais nous sommes bien souvent trop égoïstes et impatients. Nous arrive-t-il d'espérer compléter la vente en un clin d'œil ? Tout le temps !

Nos prospects ne sont pas familiers avec notre entreprise comme nous le sommes. Ils ont besoin de temps. Évitons de commettre l'erreur fatale d'essayer de conclure dès notre premier appel plutôt que de se limiter à obtenir un rendez-vous.

Les agents immobiliers professionnels utilisent la stratégie suivante. Lorsqu'ils publient une annonce pour une maison à vendre dans le journal local, leur intention première n'est pas vraiment de vendre cette maison. Ils essaient plutôt d'inciter un maximum d'acheteurs de maisons actifs à les contacter. L'objectif principal est donc de recevoir des appels.

Comment procèdent-ils ?

Ils publient une photo de la maison. Sous la photo, ils fournissent quelques détails, mais pas tous. Ils oublient volontairement un détail important dont les acheteurs potentiels ont besoin afin de les forcer à appeler. Pour la plupart des acheteurs, du moins aux États-Unis, il y a trois informations importantes à connaître lorsqu'on magasine une nouvelle maison.

- Quel en est le prix ?
- Combien de chambre offre-t-elle ?
- Où est-elle située ?

Ces trois informations sont utilisées pour classifier les milliers de propriétés disponibles sur le marché.

Les agents immobiliers indiqueront donc deux de ces trois détails dans leurs annonces. Si les deux premiers éléments lui semblent prometteurs, l'acheteur intéressé fera l'appel pour obtenir le troisième. C'est à ce moment que l'agent immobilier obtient un prospect intéressant à qui parler.

Les agents ne font pas l'erreur d'essayer de vendre leur maison dans le journal. Les chances seraient très minces de cette façon. Ils visent plutôt l'opportunité d'une conversation de vive voix.

C'est la même chose pour nous. L'objectif de notre appel est de créer l'opportunité d'une discussion autorisée et planifiée. Les amateurs tentent de vendre leur salade dès le premier appel. Les professionnels conviennent d'un moment pour discuter sans contraintes ou distractions, sans stress et à un niveau de communication plus efficace.

PUIS-JE DÉCROCHER DES RENDEZ-VOUS PAR MESSAGERIE OU PAR TEXTO ?

Oui !

Plusieurs personnes se cachent derrière leurs téléphones pour éviter les vendeurs. Pourquoi ? Parce qu'elles n'ont que 24 heures par jour à leur disposition. Si elles passaient leurs journées entières à parler à des vendeurs, elles auraient à peine le temps de manger.

De plus, les gens ont peur qu'un vendeur tente de les convaincre de faire quelque chose qu'ils ne veulent pas. La meilleure d'éviter cette situation, c'est de ne pas leur parler. Plusieurs limitent donc leurs communications aux textos, messageries et courriels. Et si un vendeur réussit tout de même à se faufiler, ils utilisent alors le mensonge. Ils disent des choses telles que : « Je n'ai pas reçu ton texto. Ton courriel a été intercepté par mon filtre de pourriels. Je n'ai pas eu le temps de regarder mes messages depuis des jours. Mon téléphone est brisé. Quelqu'un a piraté mon compte. »

Les gens sont en proie à cette peur des vendeurs pour de bonnes raisons. Le coté pervers de cette peur ? Elle fait manquer aux gens un bon nombre d'opportunités pour améliorer leurs vies.

Notre solution ? Leur faire parvenir un message ou un texto qui les incitera à nous parler.

Messages textes pour générer des rendez-vous.

Au cas où vous n'y auriez pas pensé plus tôt, les messages courts que nous pouvons laisser sur les boîtes vocales dont nous avons discuté plus tôt s'avèrent aussi très efficaces lorsqu'utilisés sous forme de messagerie ou textos.

Pourquoi texter nos prospects alors qu'on peut les appeler directement ?

Pour certains prospects, les textos sont plus appropriés. C'est la façon dont ils s'attendent à ce qu'on communique avec eux.

Envoyer un message texte est simple. Par contre, plusieurs seront ignorés. Inutile de se sentir rejetés, c'est simplement un indice de l'intérêt. D'autres textos obtiendront une réponse du type : « Donne-moi plus de détails s.v.p., » ce qui est un bon signe. On peut alors répliquer : « Parlons. Quel serait un bon moment pour toi ? » Terminé.

Le défi avec le fait de texter pour obtenir des rendez-vous.

On s'envoie des messages texte aller-retour en espérant qu'ils comprennent nos messages. Parfois, ils ne saisiront pas le contenu ou notre intention. Pour éviter cette situation, on désire transformer notre conversation en appel téléphonique ou vidéo conférence le plus rapidement possible. Pourquoi ?

Parce que les messages textes sont trop faciles à mal interpréter. Texter est un mode de communication faible. Les prospects n'entendent pas le ton de notre voix. Ils ne peuvent pas voir nos expressions faciales, ni notre langage corporel. Ils ne peuvent même pas voir si on sourit !

Voici quelques exemples de prospects qui interprètent mal ce qu'on dit.

Nous : « C'est tellement facile. Tu peux y arriver. »

Comment notre prospect peut-il interpréter ce message ?

- Tu crois que je suis attardé ?
- Ne sais-tu pas à quel point je manque de temps ?
- Attends, si c'est si facile, pourquoi as-tu besoin de moi ?
- Qu'est-ce que je dois faire ? Il y a surement une attrape.

Une stratégie plus efficace est d'utiliser la messagerie texte pour capter l'intérêt et, lorsqu'il se manifeste, de diriger l'échange vers une conversation téléphonique. Une communication de vive voix a l'avantage d'être plus précise, interactive, et moins sujette aux erreurs d'interprétations. Voici un exemple.

Nous : « Est-ce que je peux t'appeler maintenant ? Ça ne prendra que trois minutes. »

Est-ce que nous aurons besoin de plus de trois minutes ? Parfois. Si c'est le cas, ce sera l'initiative du prospect. Ce sera sa décision s'il décide de poser des questions et s'engager dans la présentation. Personne n'aime les longs sermons ennuyants.

Voici quelques exemples de répliques télégraphiques par messagerie ou texto pour mener à une discussion téléphonique.

Nous : « Discutons-en ! Vidéoconférence devant un bon café ? »

Les prospects peuvent habiter à un pâté de maison, à deux kilomètres ou dans un autre pays. Peu importe, on peut aisément se brancher en conversation vidéo. Pourquoi le café ? Les prospects se sentent habituellement plus confortables lorsqu'ils ont un breuvage entre les mains ou quelque chose qui les place dans une ambiance plus sociale. On peut choisir le breuvage qui convient le mieux à la démographie de notre prospect. Plusieurs de nos connaissances pourraient préférer une bière.

Nous : « Attrape une tasse de café. Regardons si c'est fait pour toi ou non. Je vais t'appeler dans cinq minutes pour te laisser le temps de préparer ton café. »

Les mots « si c'est fait pour toi ou non » ne sont pas trop intimidants. Aucune pression. Et leur curiosité leur chuchotera : « Dis oui, j'aimerais savoir comment ça fonctionne. »

Nous : « Je sais que tu es occupé. Ça ne prendra que sept minutes pour déterminer si c'est pour toi ou non. Si ça n'est pas pour toi, on n'en parle plus. »

Nous : « Inutile de fouiller dans ton agenda pour trouver un moment propice. On peut régler ça tout de suite par téléphone en trois minutes. »

Nous : « Tu es occupé. Je ne veux pas te faire perdre ton temps. Alors prenons trois minutes pour parler des grandes lignes et tu décideras si tu aimerais en savoir plus. »

Que pourrions-nous dire d'autre dans un message ?

Keith aime bien utiliser des questions rhétoriques. Des questions qui provoquent habituellement un « oui. » Il débute son message ou texto par : « Je suis curieux. » Cette phrase adoucit l'approche et aide le prospect à se sentir plus confortable.

Il utilise ensuite une formule pour conclure et précipiter une décision. Il dit : « Est-ce que ça t'irait si… ? » Ces six mots favorisent habituellement une réponse positive dans la tête de nos prospects.

Puis Keith glisse un bénéfice alléchant qui pourrait intéresser le prospect.

Assemblons ces trois ingrédients ensembles pour concocter des messages intéressants.

- Je suis curieux. Est-ce que ça t'irait de connaître une option simple pour travailler quatre jours par semaine au lieu de cinq ?
- Je suis curieux, ça t'irait de recevoir un second chèque de paye chaque mois ?
- Je suis curieux, tu bois du café ? Est-ce que ça t'irait si ton café t'aidait à perdre du poids ?
- Je suis curieux, est-ce que ça te plairait de travailler de la maison plutôt que de faire la navette matin et soir pour le boulot ?

- Je suis curieux, est-ce que ça t'irait de perdre du poids en changeant simplement ce que tu manges au petit déjeuner ?
- Je suis curieux, tu sais comment protéger ton nom et tes données personnelles contre le vol d'identité ? Est-ce que ça t'irait que je te parle d'une solution simple ?
- Je suis curieux, est-ce que ça te conviendrait si ta peau devenait plus douce durant ton sommeil ?
- Je suis curieux, est-ce que tu fais toujours la diète ? Est-ce que ça t'irait d'essayer quelque chose pour accélérer le processus ?
- Je suis curieux, est-ce que tu sens toi aussi que le fait de vieillir est pénible ? Est-ce que ça t'irait d'examiner une option pour ralentir notre vieillissement ?
- Je suis curieux, est-ce que ça t'irait de pouvoir améliorer ta forme physique sans devoir fréquenter le gym ?
- Je suis curieux, est-ce que ça t'irait de découvrir une option de carrière plus lucrative ?

On concentre notre message dans une seule phrase. Mais il existe une autre façon. On pourrait d'abord parler du problème, pour ensuite l'adresser en utilisant : « Est-ce que ça t'irait si… ? » En voici quelques exemples.

Nous : « Je suis curieux. Est-ce que l'entraînement t'occasionne des douleurs musculaires ? »

Prospect : « Oui. »

Nous : « Est-ce que ça t'irait s'il existait une solution pour y remédier ? »

◇◇◇

Nous : « Je suis juste curieux, est-ce que tu détestes toujours ton travail ? »

Prospect : « Oui. »

Nous : « Est-ce que ça t'irait si je te proposais une autre option ? »

◇◇◇

Nous : « Je suis curieux. Est-ce que tu aimerais maximiser tes revenus de pension avec un chèque supplémentaire ? »

Prospect : « Bien entendu. »

Nous : « Est-ce ça te conviendrait de jeter un œil à ce que je fais ? »

◇◇◇

Nous : « Je suis curieux, ça t'arrive de devoir payer des tickets de stationnement ? »

Prospect : « Oui, beaucoup trop. »

Nous : « Est-ce que ça t'irait de découvrir une façon simple de les réduire, ou même de les éliminer ? »

◇◇◇

Nous : « Je suis curieux, est-ce que tu reçois toujours des factures d'électricité chaque mois ? »

Prospect : « Bien sûr. Ils savent où j'habite. »

Nous : « Est-ce que ça t'irait de recevoir des factures plus petites ? »

◇◇◇

Nous : « Je suis juste curieux. Est-ce c'est facile pour toi d'obtenir une augmentation de salaire ? »

Prospect : « Une augmentation ? Je me considère déjà chanceux de conserver mon emploi. »

Nous : « Est-ce que ça t'irait si je te montrais comment augmenter tes revenus ? »

◇◇◇

Nous : « Je suis curieux, est-ce que tu te sens parfois fatigué les après-midis ? »

Prospect : « Fatigué ? Je me sens encore fatigué même après ma sieste de l'après-midi. »

Nous : « Est-ce que ça t'irait de pouvoir changer ça ? »

Cette formule est si naturelle et simple. Les prospects peuvent répondre « oui » ou « non » à l'abri derrière leurs téléphones ou leurs ordinateurs. On sait tout de suite s'ils désirent régler leur problème ou non. On se sent ainsi beaucoup plus à l'aise de fixer un rendez-vous. Après tout, on souhaite les aider.

Laissons s'exprimer notre esprit créatif avec quelques exemples supplémentaires.

Nous : « Je suis curieux, ça t'arrive de te sentir stressé ? »

Prospect : « Stress ? Le stress fait partie de mon quotidien… mon conjoint est transporteur. »

Nous : « Est-ce que ça t'irait de pouvoir te débarrasser de ton stress, sans te débarrasser de ton conjoint ? »

◇◇◇

Nous : « Je suis curieux. Est-ce que tes enfants prévoient fréquenter l'université ? »

Prospect : « Oui, je vends mon sang toutes les trois semaines pour m'aider à ramasser des fonds. »

Nous : « Est-ce que t'irait d'explorer une autre option pour payer leurs études ? »

◇◇◇

Nous : « Je suis curieux, est-ce que tu planifies toujours d'amener ta famille à Disneyland l'an prochain ? »

Prospect : « Oui. Les enfants en ont assez de feuilleter les brochures. »

Nous : « Est-ce que ça t'irait si je te montrais comment obtenir un rabais significatif sur ce voyage ? »

◇◇◇

Nous : « Je suis curieux, y a-t-il plusieurs maux qui courts à l'école de tes enfants ? »

Prospect : « Oui. Notre commission scolaire est une boîte de pétri pour tous les virus et bactéries connus. »

Nous : « Est-ce que ça t'irait si je te montrais comment aides tes enfants à développer un meilleur système immunitaire ? »

◇◇◇

Nous : « Je suis curieux. Est-ce que ta mère a toujours des rides ? »

Prospect : « Oui. Elles sont maintenant si creuses qu'elles créent des ombres. »

Nous : « Est-ce que ça irait si je lui montrais comment les réduire ? »

◇◇◇

Nous : « Je suis juste curieux, est-ce que tu trouves qu'il devient de plus en plus difficile de se souvenir des choses en vieillissant ? »

Prospect : « Eh oui, de plus en plus. »

Nous : « Est-ce que ça te dirait de jeter un œil à quelque chose pour contrer ça ? »

◇◇◇

Nous : « Je suis curieux, serais-tu intéressé à travailler à ton compte, ou si tu préfères avoir un patron ? »

Prospect : « Je préférerais de loin travailler pour moi-même ! Mon patron suceur de rêves égraine des petites portions de mon cerveau chaque jour et me transforme peu à peu en zombie ! »

Nous : « Est-ce que ça t'irait qu'on discute plus tard d'une option plus intéressante ? »

Cette formule devrait maintenant être bien imprégnée dans notre cerveau.

Par quoi pouvons-nous poursuivre la conversation ? Ce pourrait être aussi simple que : « Discutons ! »

La partie la plus difficile est derrière nous.

Souvenons-nous. On tente de vendre le rendez-vous et non notre produit, service ou entreprise. L'approche doit demeurer concise.

TRANSFORMER NOS FUTURS RENDEZ-VOUS EN RENDEZ-VOUS IMMÉDIATS.

Ça nous arrive tous. Notre prospect dit : « Oh wow ! C'est fantastique ! »

Puis vient l'heure du rendez-vous et le prospect brille par son absence. Quelque chose est arrivé. Son agenda a changé. Il ne désire pas reprogrammer le rendez-vous. Il a perdu son enthousiasme.

Si on perçoit un niveau d'excitation élevé, plutôt que de céduler une rencontre ultérieure, tentons de discuter sur le champ.

> # 1. Visons d'abord la conversation. Nous tenterons d'obtenir le rendez-vous plus tard dans les messages qui suivront.

> # 2. Messageries et textos se situent à un niveau de communication faible. Le messager se retrouve exclu de la conversation. Essayons d'amener la conversation à un niveau supérieur, comme par exemple une conversation téléphonique, un appel vidéo ou une rencontre en personne.

> # 3. En étant à l'écoute des prospects, on saura comment éveiller leur curiosité ; ce qui les amènera à nous contacter par la suite pour obtenir plus d'information.
>
> # 4. L'objectif demeure la prise de rendez-vous, et non la vente. À cette étape, ne sortons pas tout l'attirail.

Avant d'élaborer davantage, voyons-le comme une prise de rendez-vous galant. On souhaite utiliser la même courtoisie que si nous tentions d'obtenir un premier rendez-vous. Un exemple ?

J'ai reçu un courriel. Cet étranger espérait que je sois un excellent prospect pour son entreprise. Son courriel, sans préambule, contenait… tout ! Tous les détails. C'est comme raconter sa vie à un premier rendez-vous. Seul point positif : un courriel est plus facile à lire qu'un message texte. Les messages trop longs ne fonctionnent pas. Épargnons nos énergies pour des stratégies plus valables.

Faire parvenir un hyperlien pour inviter quelqu'un à joindre notre opportunité au premier contact ? C'est très présomptueux, et surtout, inefficace.

Et notre l'hyperlien dirige les prospects vers une vidéo ou un site internet ? Pour répondre à cette question, demandons-nous si on utiliserait cette technique pour un premier rendez-vous galant ? Je ne pense pas. C'est un peu comme si on disait à notre prospect : « Tu n'es qu'un numéro. Un simple nom sur une liste. J'ai songé à te parler en personne, mais j'ai déterminé que tu n'en valais pas la peine. Alors va dépenser ton précieux temps à visionner une vidéo de ma compagnie, et si tu es intéressé, recontacte-moi. Peut-être qu'alors je pourrai considérer que tu as suffisamment de valeur pour communiquer avec toi de vive voix. »

Revenons à nos moutons. Si notre prospect démontre un niveau d'excitation élevé, que pourrais-je dire pour transformer cette prise de contact en rendez-vous immédiat ?

- Prenons cinq minutes pour aller grignoter quelque chose dans la salle de repos. (Scénario bureau.)
- J'aimerais avoir ton opinion à propos de cette idée. Je peux t'appeler dans une minute ?
- C'est un bon moment pour moi pour discuter un brin. Et toi ?
- Épargnons-nous du temps à tous les deux. Je peux t'appeler tout de suite ?
- Est-ce un moment propice pour discuter ?
- Parlons maintenant.

Plusieurs prospects trouvent moins pénible de discuter tout de suite que de déplacer cette corvée plus loin à l'agenda. Il suffit de demander.

ÇA N'EST PAS DANS LA LISTE !

Vous avez peut-être entendu parler de la GRC ? La Gestion des Relations Clients.

Une compagnie de marketing relationnel présente son tout nouveau algorithme de Gestion des Relations Clients pour la prospection. Les réseauteurs peuvent maintenant entrer leurs listes de noms dans un logiciel hyper techno. Une fois formé sur le système, il leur est possible de trier les prospects, leur attribuer un code de priorité, mettre des alarmes pour faire des suivis, les regrouper par région, et prendre des notes sur chacun des prospects pour guider la prochaine conversation.

Mais ça n'est que la pointe de l'iceberg ! Les réseauteurs peuvent aussi utiliser ce nouveau logiciel pour envoyer des messages automatisés, imprimer des rapports, et générer une liste chaque matin des prospects qu'ils devraient contacter ce jour là. Ce système est extraordinaire… et avec un peu plus de formation, les résultats relèveront presque du miracle. Chaque heure passée à apprivoiser le logiciel laisse croire à nos réseauteurs qu'ils sont en train d'ériger un empire.

Et c'est alors que quelqu'un au réseauteur absorbé par le logiciel : « C'est extraordinaire ! Petite question. Lorsque tu appelleras ton prospect, que lui diras-tu ? »

Silence radio.

Finalement, le réseauteur marmonne ceci : « Euh, hmmm, je pense que... je pense que je vais en quelque sorte improviser selon ce que le prospect me dira ? »

Ouch !

Toute cette saisie de donnée, triage, positionnement, cédules, suivis automatisée... rien de tout ça n'a d'importance pour les prospects. Et rien de tout ça n'aura d'impact sur les résultats si on ne sait pas quoi dire.

Lorsqu'on contacte les prospects, ils se fichent du nombre d'heures ou de jours que nous avons étudié et appris à maîtriser notre logiciel de Gestion des Relations Clients. Ils sont sensibles à ce qu'on dit et ce qu'on fait.

Faisons ce test.

Écrivons précisément, mot pour mot, la première phrase que nous allons dire lorsque nous allons débuter la conversation avec un prospect par téléphone. (Si on cherche déjà des excuses pour ne pas le faire, c'est un gros problème.)

La plupart des réseauteurs n'y arrivent pas.

Mais il y a pire.

Écrivons avec exactitude, mot pour mot, la seconde phrase que nous allons utiliser dans cette conversation. La plupart des réseauteurs tenteront alors de détourner le sujet. La situation est inconfortable. Les excuses se multiplient : « Ça dépend. Tous les prospects sont différents. Je change de formule souvent. J'improvise et je m'ajuste au fil de la conversation. Ça varie si je les connais bien ou pas. Ou si euh, euh, euh... »

On leur demande ensuite... quelle serait la phrase # 3 ? C'est insoutenable ! ! !

Mais allons encore plus loin. Demandons aux membres de notre équipe : « Sur une feuille de papier, tout de suite, écrivez les cinq phrases que vous allez dire à votre prospect lors de votre prise de contact téléphonique. »

Ensuite attendez. Et attendez. Et attendez encore. Faites fi des excuses. Laissez-les écrire et transpirer.

Bon d'accord. J'en conviens, c'est une situation très inconfortable. Mais si c'est inconfortable sans la pression d'un prospect qui attend à l'autre bout de la ligne, imaginez ce qu'ils devront subir une fois dans le feu de l'action avec un prospect au bout de la ligne !

Quels résultats au test devrions-nous anticiper ? Au mieux, peut-être deux phrases ? C'est un indicateur qui ne trompe pas. Le moment est venu d'apprendre exactement ce qu'il faut dire et faire.

Y a-t-il quoi que ce soit de mal à investir des heures à apprivoiser un logiciel qui nous permettra de bien structurer notre liste de prospects à qui on ne sait pas quoi dire ? Bien sûr que non.

Mais ça n'est qu'une pièce du puzzle. Parler aux prospects de façon efficace n'a rien à voir avec un logiciel. C'est la façon dont on connecte et on communique avec eux qui compte. Le marketing relationnel est une entreprise... relationnelle. Il ne faut jamais l'oublier.

Est-ce que je devrais simplement acheter des listes de noms et les appeler pour obtenir des rendez-vous ?

Mike Miller et moi partagions un repas ensembles, et notre conversation a bifurquée vers l'achat de listes de noms, l'utilisation de systèmes pour faire le tri, et le marketing attractif. Sachez que Mike utilise ces outils avec beaucoup d'efficacité et il optimise son investissement lorsqu'il fait l'achat de listes de noms... parce qu'il sait exactement quoi dire.

Il m'a demandé mon avis au sujet de l'achat de listes de noms par les réseauteurs. Ma réponse ?

J'enseigne à mes équipiers réseauteurs de rester loin des listes de noms jusqu'à ce qu'ils puissent répondre correctement à mes questions.

Voici la liste de questions que j'utilise pour vérifier s'ils sont prêts à répondre à de purs étrangers sur une liste de noms. S'ils ne connaissent pas les réponses, ils ne sont pas prêts. Ils ne feront que gaspiller leur argent et ruiner les prospects. Voici donc mes questions :

- « Quelles sont tes trois premières phrases, mot pour mot ? »
- « Si ton prospect est sceptique, as-tu en poche au moins cinq petites phrases que tu pourras utiliser pour établir une connexion immédiate ? »
- « Si ton prospect ne croit pas un mot de ce que tu dis, quelle phrase utiliseras-tu ensuite ? »

- « Quelles phrases utiliseras-tu pour ordonner aux cerveaux de tes prospects de t'écouter attentivement ? »
- « Quelle est ta formule, mot pour mot, pour conclure ? »
- « Quelle est ta meilleure phrase pour conclure. »
- « Si ton prospect désire y réfléchir, quelle est la prochaine phrase que tu utiliseras ? »
- « Si ton prospect demande plus d'information, quelles seront tes deux prochaines phrases ? »
- « Si ton prospect te demande un hyperlien pour visiter ton site internet, que répondras-tu ? »
- « Si ton prospect partage avec toi son histoire dramatique, par quelle formule enchaîneras-tu ? »

Maintenant, si notre nouvel équipier réseauteur ne sait que répondre à ces questions de base, pourquoi voudrait-il même parler à des prospects totalement étrangers sur une liste de noms ? Pourquoi chercherait-il de nouveaux prospects à massacrer ?

Notre nouvelle recrue devrait d'abord apprendre quoi dire.

Songez au niveau de confiance personnelle dont nous pourrions jouir si on pouvait répondre clairement à toutes les questions précédentes ? Lorsque nous sommes confiants, les prospects le remarquent.

« JE N'ARRIVE TOUJOURS PAS À ME LANCER POUR GÉNÉRER DES RENDEZ-VOUS. »

Si nous sommes trop timides pour tenter d'obtenir des rendez-vous, on ne devrait pas abandonner l'idée de faire carrière en marketing relationnel. On pourrait par exemple laisser les autres nous contacter ? Voici un exemple d'acquisition et d'application de cette compétence.

Une jeune dame adorait son chien. Vraiment beaucoup. Il existe des millions d'amoureux des chiens tout comme elle dans le monde. Cependant, il y a une chose qu'elle détestait : ramasser les crottes dans la cour arrière de la maison. Les propriétaires de chiens savent très bien qu'après quelques semaines, les cacas s'accumulent et quelqu'un doit les ramasser. Les chiens ne se portent habituellement pas volontaires pour cette tâche.

La jeune dame se disait : « Je me demande si les autres propriétaires de chiens vivent le même sentiment mitigé entre l'amour de leur chien et l'accumulation de crottes dans la cour arrière ? » De cette idée, une entreprise est née.

La jeune dame décida de démarrer une entreprise de « ramassage de crottes de chiens. »

Quelques défis à l'horizon cependant :

Premièrement, tout le monde ne sera pas disposé à l'engager. Une partie de ses clients potentiels préféreront continuer à les ramasser pour éviter cette dépense supplémentaire.

Deuxièmement, où pourra-t-elle trouver des propriétaires de chiens prêts à débourser un certain montant d'argent pour lui confier ce mandat désagréable ?

Troisièmement, ça fait beaucoup de crottes de chiens à ramasser. Elle devra rapidement engager quelqu'un pour faire le sale travail, ce qui augmentera naturellement ses frais fixes. Il lui faudra donc trouver beaucoup de clients pour atteindre la rentabilité.

Quatrièmement, comment pourra-t-elle répandre la bonne nouvelle au sujet de son nouveau service pour rejoindre les propriétaires de chien, sa clientèle-cible ?

Parlons d'abord du premier problème. En effet, plusieurs personnes voudront épargner de l'argent en ramassant eux même les crottes de leurs chiens. Ce groupe ne fait pas partie de son marché-cible. Tenter d'obtenir des rendez-vous, faire des présentations de vente en mettant la pression, faire des suivis, et tenter d'éduquer ce groupe sera beaucoup trop énergivore et coûteux.

Le second problème ? Trouver les propriétaires de chiens qui disposent du budget nécessaire est un problème simple à régler. Ceux qui font appel aux services des cliniques vétérinaires par exemple puisque ce sont généralement des rendez-vous onéreux. Elle pourra simplement afficher son nouveau service bien en vue chez le vétérinaire.

Le troisième problème ? Si elle déniche beaucoup de clients, elle pourra engager quelqu'un ou offrir en sous-traitance le mandat de ramassage. C'est exact. Elle pourrait regarder la télévision pendant que quelqu'un d'autre fait le travail. Il suffit de trouver un nombre suffisant de clients.

Quatrième problème ? Comment pourra-t-elle mettre en évidence son service auprès des clients de la clinique vétérinaire ? Il serait étrange et peu productif de faire le piquet toute la journée devant les bureaux de différentes cliniques vétérinaires. Elle pourrait plutôt laisser sa carte d'affaire et des dépliants dans chaque bureau vétérinaire. Son service n'entre en conflit d'aucune façon avec les services de la clinique. De plus, c'est un service complémentaire que plusieurs clients apprécieront.

Mais comment obtenir un rendez-vous avez le vétérinaire ? C'est inutile. Tout ce qu'elle devra faire, c'est parler à la réceptionniste ou la technicienne de service. Laisser sur place une boîte de cartes d'affaire et une série de dépliants. Si elle désire mousser la promotion de son service par le personnel de la clinique, apporter une boîte de beignes avec son matériel promotionnel pourrait certainement aider.

Notre jeune dame entrepreneure peut maintenant s'asseoir et attendre que le téléphone sonne pour répondre à des prospects déjà intéressés par son service. C'est ce qu'on appelle des prises de rendez-vous faciles !

La leçon à en tirer ?

Si nous offrons quelque chose qui possède une certaine valeur, ou si l'on peut résoudre un problème, les gens viendront à nous pour obtenir une solution. Sans résistance. Sans scepticisme. Que des clients déjà vendus à l'idée se présenteront à nous.

Si les clients ne viennent pas à nous en nombre suffisant, on peut mettre la pédale au plancher. Comment ?

Si on revient à notre dame entrepreneure en crottes de chien ? Supposons qu'elle avait bien apporté des beignes avec ses cartes et dépliants. C'est excellent, mais elle peut faire encore mieux. Elle pourrait par exemple inviter la réceptionniste ou la technicienne à dîner. Elle en profiterait pour lui raconter à quel point les propriétaires de chiens apprécient son service de ramassage. Et que ces propriétaires la remercieront sans doute un peu plus tard pour son excellent service. Bref, qu'elle peut maintenant offrir un service supplémentaire à la clientèle.

Voici d'autres exemples de sources de références qui nous aideront à réfléchir sur la façon dont on peut appliquer cet exemple pour notre entreprise.

- L'expert en couponing peut référer ses amis à un conseiller en finances.
- Le professeur d'aérobie peut référer ses étudiant(e)s à un distributeur de produits de nutrition.
- Les installateurs en ventilation-climatisation-chauffage peuvent référer des clients à un réseauteur d'une compagnie de services (énergie).

- Le magasin de robes hors de prix peut référer des clients au distributeur de produits de soins de peau de luxe.
- Le directeur de l'école peut référer des parents à un courtier en voyages à rabais.
- Le vendeur de chaussures équitables peut référer des clients au réseauteur en produits de nettoyage écologiques.
- Le comptable peut référer les clients qui souhaiteraient générer davantage de revenus et profiter de déductions fiscales.
- Les vendeurs de voitures peuvent référer les gens qui ont besoin d'un second chèque de paye pour se qualifier pour la voiture de leurs rêves.

Alors posons-nous cette question :

« Quel est le problème crucial que nous solutionnons ? »

Si le problème que nous solutionnons est significatif, nos meilleurs prospects viendront à nous. Voici quelques exemples de problèmes importants que vivent des gens.

- Des factures de services gonflées.
- Ne pas pouvoir amener la famille à Disney World.
- Être fatigué d'être fatigué.
- Détester voir ses rides dans le miroir.
- Être dégouté par sa vie actuelle.
- Faire la navette pour le travail.
- Le manque d'opportunités dans sa vie.
- Réaliser que mourir tôt n'est pas souhaitable.

Les gens souhaitent résoudre ces problèmes. Ils cherchent des solutions. Et ces solutions, nous pouvons leur offrir.

EXISTE-T-IL UNE FAÇON PLUS SIMPLE DE GÉNÉRER UN FLOT DE CLIENTS PRÉ-QUALIFIÉS QUI VIENNENT À NOUS ?

Et si faire des appels pour obtenir des rendez-vous est totalement hors de notre zone de confort ? Comme on l'a mentionné dans le chapitre précédent, ne vaudrait-il pas mieux que les autres nous contactent ? Oui. Approfondissons cette option.

Et si des prospects tentaient de nous contacter chaque semaine, ou même chaque jour, pour nous parler ? Bien entendu, ça n'arrivera pas du jour au lendemain, mais on peut créer un flot continu de prospects qui tentent de prendre contact avec nous.

La première chose dont nous aurons besoin est un outil : soit un livre, un fichier audio, une vidéo, un outil éducatif ou autre à partager. À quoi pourrait ressembler cet outil ?

Celui-ci n'aura pas pour objectif d'expliquer ou vendre notre entreprise. Il doit plutôt inciter le prospect à vouloir nous recontacter. L'outil pourrait par exemple décrire un bénéfice de notre produit. Si notre service leur permet d'économiser de l'argent, l'outil pourrait les inciter à augmenter leurs objectifs financiers. Si notre outil incite à un changement de carrière, les prospects intéressés seront fin prêts à jeter un œil à notre opportunité d'affaire.

La bonne nouvelle est que si nous avons suffisamment d'outils en circulation, nous pouvons générer un flot continu de prospects qui feront le premier pas pour entrer en contact avec nous.

Si on utilise un outil de notre compagnie, ou encore qui traite spécifiquement de notre produit ou service, il sera considéré comme un dépliant promotionnel tout simplement. Un des principaux avantages des outils génériques est qu'ils n'activeront pas l'alarme anti-vendeur chez les prospects avec qui nous n'avons pas établi de connexion. Les prospects apprécieront si on utilise un outil éducatif qui peut ajouter de la valeur à leurs vies.

Voici quelques exemples.

Keith a écrit un livre intitulé (en anglais) : « Pourquoi vous devriez démarrer une entreprise en marketing relationnel : comment réduire le risque et vivre une meilleure vie. » Ce livre fournit d'excellents incitatifs pour amener les prospects à faire le saut en marketing relationnel.

Vous aimeriez quelque chose d'un peu moins direct ? « Père riche, père pauvre » de Robert Kiyosaki.

Ou alors pourquoi pas un livre tellement générique que personne ne pourrait être offensé ? « L'homme le plus riche de Babylon » de George Clason enseigne les principes de gestion de l'argent aux novices dans une histoire relaxante. Utilisons ce livre pour notre exemple car il est très abordable et rapide à lire pour nos prospects.

On débute en achetant cinq copies du livre. Nous allons les prêter, un à la fois, les récupérer, et poursuivre la rotation avec de nouveaux prospects. Que peut-on espérer comme résultats ?

Certain prospects vont égarer le livre. Plusieurs ne le liront pas. D'autres vont nous le retourner sans émettre de commentaire. Mais certains d'entre eux nous relanceront de cette façon :

« Merci de m'avoir prêté ce livre. J'en ai terminé la lecture. Maintenant je comprends pourquoi tu l'apprécies. Peut-on se revoir quelque part la semaine prochaine devant un café ou en cassant la croûte ? J'aimerais en apprendre davantage sur ce que tu fais. »

Seront-nous submergés par ce type de retour ? Non. Mais plus nous aurons de livres en circulation entre les mains de prospects de qualité, plus nous pourrons anticiper de rendez-vous.

Si nous sommes vraiment timides, on pourrait se demander : « Comment vais-je prêter ces livres ? » Serait-ce possible d'économiser temps et argent en faisant parvenir une version électronique du livre à nos prospects, ou une vidéo sur Youtube par exemple ? Sans doute. Mais notre prospect aura le sentiment qu'on lui prête moins d'importance. Si l'effort à déployer est minime, notre cadeau perd de son cachet.

Poursuivons avec notre exemple de livres en circulation. On peut appliquer les mêmes principes à toutes formes d'outils qu'on choisira d'utiliser.

Mettre ce livre entre les mains des prospects leur indique que nous plaçons leurs intérêts au premier plan. On se sent mieux, et bien sûr, nos prospects se sentent plus importants. Que ces prospects décident de joindre notre entreprise de marketing relationnel ou pas, en leur mettant ce livre entre les mains, on sait qu'on leur aura donné la chance de changer leurs vies. C'est beaucoup plus facile de faire circuler des livres quand on se concentre sur les besoins de nos prospects.

Et si nos prospects ne manifestent aucun intérêt envers le marketing relationnel ou le fait d'améliorer leur gestion de l'argent ? Qui sait ? Ils pourraient bien trouver une autre information utile dans le livre. Le geste de prêter aux prospects un livre contribue à développer notre connexion avec eux. C'est ce qu'on appelle communément le facteur « connaître, aimer et faire confiance. » On peut ainsi transformer un prospect inconnu et distant en prospect connu plus accessible.

Voici quelques phrases d'entrée en matière que nous pouvons utiliser pour capter l'intérêt de nos prospects avant de leur proposer une copie du livre :

- « J'ai fait quelques lectures sur comment prendre en mains mes finances… »
- « Je viens tout juste de lire ce livre et j'y ai appris comment… »
- « J'ai ce livre que je pourrais te prêter. J'aurais bien aimé lire ce livre au lycée. »
- « Il y a peut-être quelque chose d'intéressant pour toi dans ce livre… »
- « Ce livre a fait une énorme différence dans ma vie… »

Pour désactiver toute tension, on pourrait dire :

- « Ce livre pourrait bien fonctionner pour toi, ou pas. »
- « C'est peut-être ce que tu recherches, ou pas, mais ça m'a beaucoup aidé. »

Lire un livre est un engagement. On ne doit pas faire pression sur les gens pour qu'ils acceptent de prendre le livre. Si on leur force la main, ils ne le liront pas. Offrez-le plutôt comme une option aux prospects qui désirent changer quelque chose dans leurs vies.

Évitez de dire : « Lis ce livre et je vais te recontacter. » Cela laisse entendre que bientôt « un vendeur viendra les prendre en souricière. » Souvenons-nous que ce sont pour la plupart des prospects inconnus et distants, et que nous sommes timides. On ne veut pas forcer notre chance.

À la place, on pourrait dire quelque chose comme : « Voilà ! Je peux te prêter ce livre. C'est une lecture rapide. Je pourrai le récupérer la semaine prochaine lorsque tu auras terminé. »

Et qu'est-ce qui incitera les prospects à nous appeler après avoir lu le livre ?

Il n'y a rien d'illégal dans le fait de placer une petite publicité personnelle ou un message sous la couverture arrière du livre. Notre message pourrait être aussi simple que : « J'utilise les principes de ce livre comme première de deux étapes dans mon plan pour prendre ma retraite dans cinq ans. »

On peut faire des tests avec différents messages. Si on désire motiver les gens à nous rappeler, la curiosité est une excellente tactique. Ça n'est pas l'unique façon, mais elle donne de bons résultats.

Si nous avons une bonne connexion avec notre prospect lorsqu'on lui prêtera notre livre, on pourrait partager notre message promotionnel à ce moment aussi. On n'a pas à le formuler sous forme de question. On désire simplement planter une graine qui germera, ou pas, durant sa lecture du livre.

Nous avons utilisé ici l'exemple d'un livre papier. On peut maintenant faire appel à notre imagination. À l'ère digitale et virtuelle, il existe tant de possibilités.

Cependant, souvenons-nous de cette règle. Un article matériel palpable procure beaucoup plus de poids au geste qu'un lien internet. Il indique aux prospects notre niveau d'implication dans notre entreprise, et que nous serons là pour les aider.

QUESTIONS ET OBJECTIONS.

Deux mots qui désignent la même chose, du moins en marketing relationnel.

Seuls les prospects intéressés soulèvent des questions et des objections. Les prospects qui ne sont pas intéressés ne se lanceront pas dans une séance de torture en demandant davantage d'information.

Alors si nos prospects posent des questions, ou soulèvent une objection, c'est une bonne nouvelle ! Ils vivent peut-être un problème pour lequel on peut les aider. Si on les reçoit en faisant preuve d'empathie, les questions et objections sont faciles à gérer. En voici quelques unes.

Q. « Combien cela va-t-il me coûter ? »

R. « Si je saisis bien, tu en as assez de payer trop pour ton électricité. La meilleure façon de régler ça est de se rencontrer pour que je puisse répondre à tes questions. On verra alors combien tu peux épargner. Regardons ensembles quel moment serait propice la semaine prochaine. »

◇◇◇

Q. « Ne peux-tu pas simplement m'envoyer un lien vers un site web ou une vidéo ? »

R. « Si je t'envoie une centaine de liens ou documents, tu ne pourras pas avoir une bonne vision d'ensemble. Je ne veux pas te faire perdre ton temps. Et on doit d'abord vérifier si toi et moi sommes compatibles pour travailler ensemble. C'est ce qui fera toute la différence au bout du compte. »

◇◇◇

Q. « Pourquoi tu ne peux pas tout m'expliquer par texto ? »

R. « Mes pouces ne le supporteraient pas. Mais on devrait s'assurer avant tout que nous sommes compatibles professionnellement pour travailler ensembles. Discutons quelques minutes par vidéo conférence. »

◇◇◇

Q. « Laisse-moi te rappeler... OK ? »

R. « Excellente idée. Encore mieux. Je m'occupe de te rappeler. Je ne veux pas t'en mettre encore plus sur les épaules vu ton agenda bien rempli. Laisse-moi te rappeler mercredi prochain, le timing sera meilleur pour nous deux. »

◇◇◇

Q. « Tu peux me l'expliquer par téléphone maintenant ? »

R. « Bien sûr ! Je te fais la version courte. Avant de se pencher sur les détails de l'entreprise, on devrait s'asseoir face à face pour déterminer si on aimerait travailler ensembles. Ça te semble sensé ? Les (nouveaux) amis font les meilleurs partenaires d'affaire. »

◇◇◇

Q. « Vas-tu tenter de me vendre quelque chose ? »

R. « Je peux te montrer ce que je fais. Ce sera à toi de déterminer si c'est quelque chose que tu aimerais faire aussi. »

◇◇◇

Q. » Est-ce que je devrai prendre une décision tout de suite ? »

R. « Je souhaite simplement te fournir quelques options supplémentaires pour le futur. »

◇◇◇

Q. « Je n'ai pas de temps à accorder à un business à temps partiel. »

R. « Si tu es comme moi, tu en auras éventuellement assez de faire la navette travail-maison. Je souhaite simplement t'offrir une option que tu pourras considérer quand ce sera le cas. »

◇◇◇

Q. « Je ne suis pas certain d'être intéressé. »

R. « Tu as des centaines d'options en poche déjà. Laisse-moi en ajouter une ou deux. »

◇◇◇

Q. « Je suis satisfait de mon fournisseur d'électricité actuel. »

R. « Lorsque tu recevras ta prochaine facture d'électricité, demande-toi si tu aimerais qu'elle soit moins élevée. Si c'est le cas, je te montrerai ce que je fais. »

◇◇◇

Q. « Peut-on se rencontrer seulement tous les deux, sans ma douce moitié ? »

R. « On pourrait toujours, mais sans vouloir être impoli, conjoint et conjointe forment une équipe. Ils peuvent tous les deux avoir des questions très différentes telles que : « Combien de temps familial devra-t-on sacrifier ? Est-ce la direction qu'on désire prendre en ce moment ? Je suggère donc qu'on se rencontre, tous ensembles, à un moment propice pour vous deux. »

◇◇◇

Q. « Qui est-ce déjà ? »

R. « Nous nous sommes rencontrés à la foire commerciale vendredi dernier, mais nous n'avons pas eu la chance de discuter alors. Vous manquiez de temps et vous souhaitiez faire la tournée des exposants. Vous avez donc rempli notre demande de contact. Vous souhaitiez que je vous explique comment réserver vos prochaines vacances de luxe à prix réduit. »

◇◇◇

Q. « Qui est-ce déjà ? »

R. « Nous nous sommes rencontrés au déjeuner de réseautage de la Chambre de commerce. On souhaitait y discuter davantage, mais il y avait tant de gens à rencontrer. Vous m'avez tendu votre carte d'affaire en me demandant de vous rappeler plus tard. Vous désiriez savoir comment éviter de devoir vous présenter en cour pour votre contravention d'excès de vitesse du mois dernier. »

◇◇◇

Q. « Je souhaite démarrer une entreprise sans débourser d'argent. Combien cela va-t-il me coûter ? »

R. « La bonne nouvelle est que vous n'aurez pas à dépenser d'argent pour payer des employés, avoir une ligne téléphonique affaire, louer un espace bureau, ou négocier un contrat d'assurance coûteux. Une entreprise traditionnelle peut vous coûter 500,000$ ou plus à démarrer. C'est trop risqué. Même si ce que je vous propose requiert un investissement très minime, vous devrez tout de même y mettre du temps pour apprendre les rudiments et développer votre entreprise. On ne veut pas être perçus comme des rêveurs, mais plutôt comme des gens d'action. »

◇◇◇

Q. « Je ne suis pas intéressé, quelle que soit ton offre ! »

R. « Je respecte tout à fait ta décision, et je la comprend. Mais pourrais-tu me rendre un service ? Je recherche des gens qui sont actuellement insatisfaits de leurs carrières, ou qui désirent un changement majeur. Même si ça ne semble pas être ton cas, tu connais quelqu'un pour qui ça l'est ? »

◇◇◇

Q. « Combien ça me coûtera pour changer de fournisseur de service ? »

R. « Détends-toi. Ça ne coûtera rien de changer le fournisseur qui t'envoi la facture. Bien entendu tu devras continuer à payer tes factures de service, mais la bonne nouvelle, c'est qu'elles seront plus petites. »

◇◇◇

Q. « Que vends-tu ? »

R. « Notre compagnie fabrique et vend toutes sortes de produits pour la santé et le bien-être. Mais ça n'est pas ce dont je désire te parler. Je souhaitais discuter avec toi de la possibilité de devenir partenaires d'affaire. Tu aimerais qu'on en parle devant un bon dîner ? Le pire qui puisse arriver, c'est qu'on partage un bon repas italien. »

◇◇◇

Q. « Combien de temps durera cette présentation ? »

R. « Lorsqu'on se rencontrera, vous pourriez bien me regarder dans les yeux et me dire : ‹ Je ne veux pas faire affaire avec vous. › Et ça me conviendra comme ça. Mais si vous acceptez tout de même de m'accorder dix minutes pour vous donner une vision d'ensemble, ce sera terminé. Sauf si vous souhaitez alors discuter des possibilités et poursuivre notre rencontre. Ce sera à vous de décider. »

◇◇◇

Q. « Je suis trop occupé pour une rencontre. Pourquoi ne pas simplement m'envoyer un courriel ? »

R. « Je comprends que tu sois occupé, mais nous devons tous les deux s'arrêter pour dîner. Pourquoi ne pas se rencontrer à ce moment ? »

◇◇◇

Q. « C'est complètement fou ici. Je n'ai pas de temps en ce moment. »

R. « Je comprends parfaitement. Quel est le moment de la semaine le plus calme pour toi ? On pourrait se rencontrer alors. »

◇◇◇

Q. « Je ne crois pas être intéressé pour le moment. »

R. « C'est normal, je comprends. Je désire simplement te fournir quelques choix supplémentaires pour le futur. »

Nos prospects auront des questions. Nous n'aurons pas toutes les réponses, mais nous devrions au moins maîtriser les réponses aux questions ou objections les plus fréquentes.

EN RÉSUMÉ.

La partie la plus difficile dans l'art de prendre des rendez-vous est de se placer dans le bon état d'esprit. On a tendance à se mettre en tête des scénarios tragiques. Lorsqu'on change l'histoire dans notre tête, on y gagne. Pourquoi ?

Parce que notre histoire intérieure est le moteur de notre intention, et qu'elle laisse transparaître nos croyances aux oreilles et aux yeux de nos prospects. Lorsqu'on désire sincèrement aider nos prospects, ils le ressentent. Les prospects réagissent favorablement aux gens qui désirent les aider.

C'est le défi le plus important que tous les réseauteurs doivent surmonter. On devient si enthousiastes en pensant à tous les bénéfices que nous propose notre entreprise qu'on en arrive à penser davantage à nous qu'à nos prospects.

Et qu'en est-il de toutes ces compétences enseignées dans la seconde partie de ce livre ? Elles pourront sans doute nous permettre des approches plus professionnelles… à condition d'avoir surmonté le premier défi.

Alors que pouvons-nous faire dans l'immédiat pour améliorer nos résultats en décrochant davantage de rendez-vous ?

Rendre visite à des clients satisfaits. Écouter leurs histoires et découvrir à quel point ils apprécient la chance de connaître nos produits ou services, ou encore, d'avoir découvert notre opportunité d'affaire. C'est une démarche qui demande peu d'efforts.

Et si nous ne connaissons pas de clients satisfaits ? Aucun souci. Plusieurs personnes dans notre organisation en ont. Et les clients satisfaits sont toujours heureux de partager leurs expériences.

Appelons-en quelqu'un dès maintenant afin de gonfler à bloc notre croyance envers notre pouvoir d'aider les gens.

MERCI.

Merci d'avoir acheté et d'avoir lu ce livre traitant de quelques unes des techniques de motivation utilisées en marketing relationnel. J'espère que vous y avez trouvé quelques idées qui fonctionneront aussi pour vous.

Avant de vous laissez, accepteriez-vous de me faire une petite faveur ? Pourriez-vous prendre une toute petite minute pour rédiger une phrase ou deux afin d'évaluer ce livre en ligne ? Votre évaluation aidera d'autres entrepreneurs à choisir leur prochaine lecture. Ces commentaires sont grandement appréciés des autres lecteurs.

Ce livre est dédié aux gens de marketing
de réseau de partout.

Je voyage de par le monde plus de 240 jours chaque année.
Laissez-moi savoir si vous souhaitez que tienne une
formation (Big Al Training) dans votre secteur.

→**BigAlSeminars.com**←

Tous les livres de
Tom « Big Al » Schreiter
sont disponibles à :
BigAlLivresEnFrancais.com

D'AUTRES LIVRES DE BIG AL BOOKS

BigAlLivresEnFrancais.com

Les Quatre Couleurs de Personnalités

Les BRISE-GLACES !

Comment établir instantanément Confiance, Crédibilité Influence et Connexion !

PREMIÈRES PHRASES pour Marketing de Réseau

La Présentation Minute

Comment développer votre entreprise de marketing de réseau en 15 minutes par jour

Tout Sur les Suivis Auprès de Vos Prospects en Marketing de Réseau

Guide de Démarrage Rapide en Marketing Relationnel

L'histoire Deux-Minutes pour le Marketing de Réseau

Comment Développer des Leaders en Marketing Relationnel Volume Un

Pré-Conclure en Marketing Relationnel

3 Habitudes Faciles pour Marketing de Réseau

Créer un Pouvoir d'Influence

Comment Développer une Entreprise de Marketing de Réseau Axée sur la Nutrition Rapidement

Comment Capter L'Attention de Vos Prospects et La Maintenir !

À PROPOS DE L'AUTEURS

Keith Schreiter cumule plus de 20 années d'expérience en marketing relationnel et à paliers multiples. Il enseigne aux réseauteurs comment utiliser des systèmes simples pour ériger une entreprise stable et en perpétuelle croissance.

Alors, vous avez besoin de plus de prospects ? Souhaitez-vous que vos prospects s'impliquent plutôt que de tourner en rond ? Vous aimeriez savoir comment engager votre équipe et la maintenir en mouvement ? Si ce sont les types de compétences que vous aimeriez maîtriser, vous adorerez son style « ABC - guide pratique. »

Keith donne des formations et conférences aux États-Unis, au Canada et en Europe.

Tom « Big Al » Schreiter possède plus de 40 ans d'expérience en marketing de réseau et marketing à paliers multiples. En tant qu'auteur des livres classiques de formation « Big Al » publiés à la fin des années '70, il a depuis offert des conférences et ateliers dans plus de 80 pays sur comment utiliser des mots et des phrases précises pour entrer dans la tête des prospects, ouvrir leur esprit et leur faire dire « OUI. »

Sa passion réside dans les idées marketing, les campagnes promotionnelles et les techniques pour s'adresser au subconscient de façon simple et efficace. Il est toujours à l'affut des phénomènes et campagnes marketing innovatrices qui fournissent bien souvent de nouvelles clés.

En tant qu'auteur de nombreuses formations audio, Tom est un orateur très prisé dans les conventions annuelles et les événements régionaux.

www.ingramcontent.com/pod-product-compliance
Lightning Source LLC
Chambersburg PA
CBHW071704210326
41597CB00017B/2324